AF578480

www.ingramcontent.com/pod-product-compliance
Lightning Source LLC
La Vergne TN
LVHW010457160826
845677LV00012B/2524

* 9 7 8 9 7 7 8 9 8 3 3 4 0 *

أنينُ الماضِي

اسم الكتاب: أنِينُ المَاضِي

نوع الكتاب: خواطر

تأليف: مجموعة مؤلفين

تصميم الغلاف: رحمة أيمن

التصحيح اللغوي: أميرة سعيد

التنسيق الداخلي: نورا سليمان سيد

رقم الإيداع: 2023/23282

الترقيم الدولي I. S. B. N : 978-977-8983-34-0

جمهورية مصر العربية- القاهرة

مدير النشر: أحمد مكي جهاد محمود

01142340175.01208209008

Ahmedmakay79@gmail.com

©جميع الحقوق محفوظة للناشر

وأي اقتباس أو تقليد وإعادة طبع أو نشر دون موافقة كتابية، يُعرض صاحبه للمساءلة القانونية، أما حقوق الملكية الفكرية والآراء والمادة الواردة في الكتاب فهي خاصة بالكاتب فقط لا غير.

أنينُ المَاضِي

تَعَبُ النَّفْسُ

هَلْ جَرَّبْتَ شُعُورَ أَنْ تَكُونَ مُتْعَبَ بِلَا أَسْبَابٍ فَقَطْ مُتْعَبُ، وَلَا تَسْتَطِيعُ شَرْحَ تِلْكَ الْكَلِمَةِ سَوَّى بِالصَّمْتِ الطَّوِيلِ وَالتَّحْدِيقِ فِي اللَّا شَيْءُ، وَلَا كَلَامَ يُقَالُ لِيُرِيحَكَ فَقَطْ كُلُّ مَا تَوَدُّهُ أَنْ تَمُرَّ غَيْمَةُ الْحُزْنِ تِلْكَ مِنْ عَلَى صَدْرِكَ بِسَلَامٍ، لَا شَيْءَ غَيْرُ ذَلِكَ.

الكَاتبة/ جِهاد محمود

✿✿✿

الضَّغْطُ النَّفْسِيُّ

رَغْمَ سِنِّي إِلَّا أَنَّنِي وَاجَهْتُ أَكْثَرَ مِمَّا أَسْتَحِقُّ، مِنَ الْمُؤْسِفِ أَنْ أَنْجَرِحَ كَثِيرًا، وَأَنْ أَتَأَلَّمُ كَثِيرًا، وَأَنَا بَرِيءٌ، لَا أَعْلَمُ لِمَاذَا هَذِهِ الْمَشَاكِلُ لَا تَتَوَقَّفُ أَبَدًا، أَتَخَلَّصُ مِنْ مُشْكِلَةٍ أَغْرَقُ فِي مُشْكِلَةٍ أَعْمَقَ مِنَ الَّتِي قَبْلَهَا، أَمُرُّ فِي أَيَّامٍ ثَقِيلَةٍ جِدًّا، وَمُؤْلِمَةٍ جِدًّا، وَأَتَمَنَّى أَنْ لَا أَسْتَيْقَظَ؛ لِكَيْ لَا أُوَاجِهَ يَوْمٌ جَدِيد، وَمُشْكِلَة أُخْرَى.

الكَاتبة/ جهاد محمود

أَسَاعَدُ الْآخَرِينَ

"رَغْمَ كُلِّ هَذِهِ الْخُدُوشِ الدَّاخِلِيَّةِ فِيكَ، مَا زِلْتَ تَضْحَكُ وَتُضْحِكُ، تُوَاسِي وَتَسْأَلُ وَتَهْتَمُّ، تَصْنَعُ الْكَثِيرَ وَالْكَثِيرَ لِأَجْلِهِمْ مُرَاعِيًا لِمَشَاعِرِ الْجَمِيعِ حَوْلَكَ، حَذِرًا طِيلَةَ الْوَقْتِ بِأَنْ لَا يَنْتَبِهَ أَحَدُهُمْ لِحَقِيقَةِ مَا يَجْرِي بِدَاخِلِكَ، هَلْ مَا زِلْتَ تَظُنُّ بِأَنَّكَ مُجَرَّدَ إِنْسَانٍ عَادِيٍّ؟!

الكَاتبة/ جهاد محمود

✿✿✿

الْبَقَاءِ

لِمَنْ أَرَادَكَ لَنْ يَمْتَحِنَ صَبْرَكَ فِي كُلِّ مَرَّةٍ، لِهَذَا ثِقْ أَنَّ كُلَّ الَّذِينَ دَفَعُوكَ لِاتْخَاذِ قَرَارِ الرَّحِيلِ، كَانَ يُرِيدُونَ مِنْكَ أَنْ تَرْحَلَ، وَلَكِنَّ النَّاسَ أَحْيَانًا لَا يُرِيدُونَ أَنْ يَكُونُوا أَوَّلَ مَنْ يُغَادِرُ، إِنَّهُمْ فِي كُلِّ مَرَّةٍ يَضَعُونَ الْمَقَصَّ بِيَدِكَ، فَاقْطَعْ هَذَا الْحَبْلَ الْوَاهِيَ وَأَرْحَلْ.

الكَاتبة/ جهاد محمود

دَعْ كُلَّ الأَحْزَانِ

دَعْ الْقَهْوَةَ تَبْرُدُ، لَا تَرُدُّ عَلَى الْهَاتِفِ، ضَعْ كِلْتَا يَدَيْكَ فِي جَيْبِكَ، وَرَاقِبْ الْفُرَصِ تَمُرُّ أَمَامَكَ، دَعْ الْقَلَقَ يَأْخُذُ مِنْكَ مَا يَأْخُذْ، اقْتَرِبْ مِمَّا تَخَافُ، رَحِّبَ بِحَقِيقَةِ أَنَّ كُلَّ شَيْءٍ لَنْ يُصْبِحَ بِالضَّرُورَةِ عَلَى مَا يُرَامُ، وَأَنَّكَ لَا تُمَانِعُ هَذَا عَلَى أَيَّةِ حَالٍ، لَا شَيْءَ يَهُمُّ اذا ابْتَعَدَتْ عَنْهُ مَسَافَةٌ كَافِيَةٌ، لَا شَيْءَ يَهُمُّ الْآنَ، تُخَفِّفُ مِنْ النَّاسِ، لَا تُوَفِّقُ بَيْنَ الطَّقْسِ وَالثِّيَابِ، لَا تَشْتَرِ مِظَلَّةٌ لِشَمْسٍ أَوْ مَطَرٍ، قَلِّلْ كَلَامَكَ، تَأَكَّدَ أَنَّ كُلَّ مَا يُحْتَمَلُ أَنْ يَفْسُدَ، فَسَدَ، بَعْدَ أَنْ تُجَرِّبَ كُلُّ هَزِيمَةٍ مُمْكِنَةٍ، سَتَعُودُ بِقَلْبِ جَرِبِ الْخَيْبَةَ، وَلَمْ يَعُدْ يَخْشَاهَا، بِوَجْهِ نَالَ حَظَّهُ مِنْ الْكَدَمَاتِ، سَتَشْعُرُ لِلْمَرَّةِ الْأُولَى بِشَجَاعَةٍ حَقِيقِيَّةٍ، سَتَمْضِي فِي الْحَيَاةِ بِغَيْرِ عَائِقٍ، وَسَيَتَجَنَّبُكَ النَّاسُ، وَفَوْقَ كُلِّ شَيْءٍ، سَتَنَامُ مُطْمَئِنًا فِي اللَّيْلِ

الكَاتبة/ جهاد محمود

لقد جلست في غرفة أفكر ما الذي حدث لي، منذ فقدت الشغف في كوني لا أريد الحياة، لقد اخترت الصمت والهدوء والعزلة من ضجيج البشر، وشرهم اخترت أن أكون بمفردي، لقد صاحبت الصمت، وكوب القهوة الذي بجواري، وكتابي الذي لم ينتهي؛ لكي أكون بخير، كُتبي بحر من العلوم التي لم يكن لها نهاية مثل البحر، لَقد طالت الوحدةُ، ولَم يكون لها نهاية، وسوف أكتب أسطورة عن الوحدة التي تكون في داخلي، لقد تكون الناس من حولي، وأنا في وحدة تامة عن البشر، في داخلي فراغ وفزع من المستقبل، ها أنا هنا ألمس الحاضر الذي فيه، وأنا والمستقبل القريب.

الكاتبة/ آية محمود رجب "محافظة: أسوان"

✿✿✿

أكثر ما يوجع القلب: أن تكون حكيمًا للآخرين تائهًا عن نفسك، تهب لهم الطريق، وأنت تهيم منكبًا على قلبك تبحث عن لافته تخبرك.. أين أنت الآن، أنا في أشد الحاجة إلى أمس لقد فتقت شغفي في كوني اريد كل شيء، أخبرتهم إني تائهة عنكم كثير، ولكن أنا حولكم ولا أحد يراني، في النهايةِ ستُصبح مُجرد ذكرى، فاترُك أثرًا طيبًا حتّى إذا مِتَّ ذكرَكَ الناسُ به.

الكاتبة/ آية محمود رجب "محافظة: أسوان"

عزيز وما عزيزة إلا نفسي

أعلم يا نفسي إنكِ مُتعبة من الحياة بأكملها، والأصدقاء، والعائلة، والتفكير، في ذلك الشيء الذي حطمكِ،

آهٍ يا نفسي وآهٍ

حطمتكِ بإرادتي، ولا أحد حطمكِ غيري،

لقد مررتِ بالكثير من الأشخاص المزيفة، وتعلقتِ بهم، وتركوكِ بمفردكِ،

و أنا السبب في ذلك الشيء الذي حدث لكِ،

أنا آسف يا نفسي على قلبي الذي تقطع إربًا إربًا،

ماذا عن جسدي الذي أرهق، وماذا عن عيني وألم قلبي الشديد،

إنني أنظر إلى نفسي في المرآة لست ذلك الشخص الذي أنا عليه،

الكاتبة/ آية محمود رجب "محافظة: أسوان"

وفي صوت من الداخل يريد أن يصرخ من هذه الفوضى المزعجة، الصمت لهيبٌ، وألم الداخل أصعب مما تتوقع، أريد النسيان الروح التائهة عن البشر، وعن الحياة بأكملها، لقد أشعلتم في أعماق قلبي جرحًا يريد النسيان كل ما حدث له من هذه الفوضى، في صوت داخلي يريد أن يتخطى؛ لكي يبدأ من جديد في هذا العالم، وأيضًا في صوت آخر في داخلي لا يريد أن يتخطى لقد استسلم لهم من كثرة المحاولة والمجادلة معهم، لقد اتلفت أعصابي وتشرد عقلي عن التفكير في ذاتي؛ فقد أود الرحيل بصمت، أود النسيان، أود تهدئة النار التي في عمق قلبي، فقد أريد التخطي عن كل شيء؛ لكي أرتاح من كل هذا.

الكاتبة/ آية محمود رجب "محافظة: أسوان"

لا أعلم ذلك الشيء الذي تحطم إربًا إربًا هو خافقي، لماذا لا تسأل على ذاك الشيء يا عزيزي؟ لقد لمسني شيء من الخوف والاضطراب، لقد شبهتموني بالزجاج، وأنا كنت لا أعلم إنكم سوف تغيروني، وأصبحت شخصًا آخر بدون علمي، أصبحت غير قادرةٍ على المحاولة، أصبحت منكسرةً ليس قادرة على تمالك نفسي، في أن أكون بخير، وبكيت أمسًا، من انكساري لقد بدت على وجهة انتصاراتي، ومعركتي التي خُضتها بنفسي، ولولا نفسي لا أخوض هذه المعركة ولا أنتصر أبدًا، وبتُ أبكي من عدم قدرتي على المحاولة، والهروب من ذاك الشيء الذي حطمني أمس.

الكاتبة/ آية محمود رجب "محافظة: أسوان"

✿✿✿

أنا ذاك الشخص المؤذي، الذي لا يستطيع أن يأذي أحد إلا نفسه، لقد أذيت نفسي كثيرًا، ولا أحد سأل عنى ماذا حدث لي بمفردي، لقد تخطيت كل أذى نفسي بنفسي، لقد أذيت ذلك الشخص كثيرًا وكثيرًا الذي هو أنا، لقد أذيت روحي، وقلبي بفراقهم عني، وعقلي بالتفكير بهم، لقد نظرت إلى نفسي في المرآة، لست أنا ذلك الشخص، الذي كان أفضل أصدقائه، و أفضل شخص في العائلة، و أفضل شخص في دراسة، و أفضل أخت لكل أقراني، أنا لست عل ما يرام.

الكاتبة/ آية محمود رجب "محافظة: أسوان"

"أحببتك حتى الموت"

لقد بدأنا الطريق معًا وسوف نخوض سويًّا ...

نعم أنا معك ...

أريدك معي في كل الحالات لا تتركيني مهما كان الأمر صعب.

نعم سوف نخوض معارك الحياة سويًّا.

مهما طال العتاب بيننا لا تتركيني؛ لأني بدونك وحيد تائهة في الحياة، والأيام سوف تكون صعبة من دونك.

أنا معك في كل حياتك، أنا سوف أكون معك حتى ينحني ظهري، ويشيب شعري.

و أنا معكِ عزيزتي ..

الكاتبة/ آية محمود رجب "محافظة: أسوان"

لن أقبل الإهانة، من اليوم سوف أترك كل من يهينني، و أترك كل خائن، و أترك كل حبيب، الكرامة أولًا، وثانيًا، أخيرًا، والإهانة من يوم لا تكون في قاموسي، أحيانًا تكون تقبل الإهانة لا نقدرعلي اجتيازها، وتجدد مع كل فقد، وتظهر بصورتها الأولى مع كل حزان، كم نحن بارعون باختيار من يهين قلوبنا بإتقان، ذات يوم سألت الجدران هل أنا ضعيفة أم ماذا؟!

الجدران: ذات يوم قابلتي الإهانة من أي شخص؟

أنا: أجابت بدون تردد نعم من قلت حيلتي.

يأتي البكاء والصمت حين نفقد القدرة على النطق بالأشياء التي تؤلمنا.

الكاتبة/ آية محمود رجب "محافظة: أسوان"

لماذا لن تقلبي الإهانة؟

وهنا أصمت قليلًا وبدأت أفكر.

كان هو جواب على هذا السؤال؟

لأن نفسي عزيزة لا تقبل الإهانة من أي أحد مهما كانت مكانة هذا الشخص على قلبي.

لا أحد يستحق أن يهين كرامتك مهما يكن هذا الشخص، وتبقي النفس عزيزة وغالية مهما كانت الظروف التي تحيط بك، ومن يهين كرامتك لا تهن كرامته، ولكن اتركه للزمان بأخذ حقك، ولا ترد الإهانة بالإهانة كما علمنا إسلامنا، قدمت الكثير لهم، ولا أقبل بأي إهانة أو استحقار مهما كان الترابط بيننا، القلوب أوطان، والشعور شعب لا يقبل الإهانة.

الكاتبة/ آية محمود رجب "محافظة: أسوان"

ماذا تركتم أيها البشر لنفسي؟!

لقد تركتم أشياء كثيرة مما توقعت؛ تركتم الإساءة والتعب لقلبي ولعقلي، والإرهاق لجسدي، لقد تعلقت بتلك الأفكار السخيفة التي تدمرني من أمامي ومن خلفي، التفكير في هؤلاء الأشخاص المزيفين الحاقدين الذين يملون إلينا؛ لكي يتركوا الألم، والضجيج، والفراغ في القلب، لقد تدمرت أمامهم وأمام نفسي، والنفس تشكي إلى نفسها ماذا بكِ من الضجيج الذي من الداخل؟ ضجيج الداخل أصعب من الخارج يا عزيزي، أحيانًا تكون الأحزان حقيقية للدرجة التي لا نقدر على اجتيازها، تتجدد مع كل فقد، وتظهر بصورتها الأولى مع كل حزن؛ كم نحن بارعون باختيار من يحرق قلوبنا بإتقان.

الكاتبة/ آية محمود رجب "محافظة: أسوان"

أَنَا مَنْ أَنَا

أَنَا الصَمتُ إِن كَثُرَ الكَلَام

أَنَا الهدُوءُ فِي عِزِّ الزحَام

أَنَا السكونُ إن عَمَّ الصَخَب

أَنَا الصَبرُ إِن عَظُمَ التعَب

أَنَا الحُلمُ بَازِغٌ؛

فِي ظُلُمَاتِ المَنَام ...

أَنَا مَنْ أَنَا ...

أَنَا البَحرُ ثَائِرٌ يَشكُو الأَرَق

نَجَا فِيهِ مَنْ نَجَا؛ وغَرَقَ مَنْ غَرَق

أَنَا النَجمُ سَاهِرٌ يَحمِي السُفُن

أَنَا الفَجرُ سَاكِنٌ يَحوِي المِحَن

أَنَا الشَمسُ؛

تَسطَعُ مِن طَيَّاتِ الشَفَق ..

أَنَا مَنْ أَنَا ...

خَيرُ وشَرُ يَتَنَازَعَا فِي مُعتَرَك

يَتَرَنَّحُ بينَهُمَا ضَمِيرُ مُشتَرَك

تَرَاهُم دومًا في نِزَالٍ مُستَمِر

يُغَافِلُهُمَا الضَمِير، وَيُوشِكُ أَن يَفِرّ،

فَيُنَاشِدهُ الخَير؛ اغثنِي

أسألك الدَرَك ...

الكاتبة/ نورهان أحمد «محافظة الفيوم»

"فِلَسْطِينُ سَتَبْقَى"

لَقَدْ فَقَدْنَا أَنْفُسَنَا وَتَحَطَّمَتْ قُلُوبُنَا؛ أَتَأَلَّمُ لِمَا يَحْدُثُ لَكَ يَا فِلَسْطِينُ؛ احْتَرَقَ قَلْبِي بِالْمَنَافِعِ فِي حُبِّكَ، وَبَكَتْ عَيْنِي حُزْنًا عَلَيْكِ، نَتَأَلَّمُ عِنْدَ سَمَاعِ صُرَاخِ أَبْنَائِكَ، وَكَأَنَّ أَرْوَاحَنَا سُلِبَتْ مِنَّا، لَقَدْ خَجَّلْنَا مِنْ أَنْفُسِنَا؛ لِأَنَّنَا لَمْ نُدَافِعْ عَنْكُمْ وَتَضَاءَلَتْ حِيلُنَا، لَكِنَّ قَضِيَّتَنَا سَتَبْقَى، وَسَتَبْقَى حَدِيثَ الْيَوْمِ، وَغَدًا، وَكُلَّ يَوْمٍ تُشْرِقُ فِيهِ الشَّمْسُ، سَنُحَرِّرُكَ يَوْمًا مَا، مَهْمَا مَرَّتْ الْأَيَّامُ وَمَهْمَا كَانَتْ قُوَّةُ الطُّغَاةِ؛ سَتُحَرِّرُنِي يَا أَرْضَ الْإِيمَانِ، يَا أَرْضَ الْأَدْيَانِ، وَسَنُفْدِيكَ بِرُوحِي، وَ أُقَدِّمُ لَكَ أَلْفَ شَهِيدٍ وَشَهِيدٍ يَا فِلَسْطِينُ، خَلَقْتَ أَقْلَامَنَا لِتُسَجِّلَ الِانْتِصَارَاتِ يَا أَرْضَ السَّلَامِ.

الكاتبة/ نورهان أحمد «محافظة الفيوم»

"أَنْتَ وَحِدُكَ"

تَتَوقَّفُ الْكَلِمَاتُ، وَلَا أَعْرِفُ مَاذَا أَقُولُ، لَكِنْ لَدَيَّ حُبٌّ كَبِيرٌ لَكَ لِدَرَجَةٍ أَنَّنِي أُرِيدُ أَنْ أَقُولَ لَكَ، لَكِنْ لَا أَعْرِفُ كَيْفَ؟

- بِأَيِّ طَرِيقَةٍ تَقُولُهَا لَا يهمُّ؛ قَلْبِي يَسْمَعُكَ قَبْلَ أُذُنِي، وَعَقْلِي لَا يُفَكِّرُ إِلَّا فِي الْحُبِّ الَّذِي بَيْنَنَا، أَنْتَ الدَّافِعُ الْوَحِيدُ الَّذِي يَجْعَلُنِي أُقَاوِمُ كُلَّ صُعُوبَاتِ الْحَيَاةِ، أَنْتَ وُجْهَتِي، أَنْتَ مُسْتَقْبَلِي، أَنْتَ كُلُّ شَيْءٍ فِي الْحَيَاةِ بِالنِّسْبَةِ لِي؛ يَكْفِينِي فِي هَذِهِ الدُّنْيَا أَنَّكَ بِجَانِبِي، يَكْفِينِي حُبُّكَ وَوُجُودُكَ، يَكْفِينِي أَنْتَ وَحْدُكَ، وَلَا يَكْفِينِي أَيُّ شَيْءٍ آخَرَ، فَأَنْتَ رَاحَةُ الْعَيْنِ وَالْبَصَرِ، قَلْبِي رَاحَةٌ لِي، وَعِوَضًا لِمَا مَضَى وَمَمَاتِي، وَأَمَلًا لِي فِيمَا سَيَأْتِي.

الكاتبة/ نورهان أحمد «محافظة الفيوم»

"يَقُولُونَ"

أَنَّ الْمَحَبَّةَ وَالطَّيِّبَةَ لَا تَلِيقُ بِهَذَا الزَّمَانِ، وَلَكِنَّ الْحَقِيقَةَ أَنَّ الْمَحَبَّةَ وَالطَّيِّبَةَ تَلِيقُ بِكُلِّ زَمَانٍ وَمَكَانٍ، وَلَكِنَّهَا أَبَدًا لَا تَلِيقُ بِكُلِّ إِنْسَانٍ؛ فَنَحْنُ نَمْضَى فِي الْحَيَاةِ، وَنُكَبِّرُ فِي الْعُمْرِ، تَتَّسِعُ دَائِرَةُ الْمَعَارِفِ، وَتقِلُّ دَائِرَةَ الْمُقَرَّبِينَ، وَالنَّاسُ تَدْخُلُ حَيَاتُنَا، وَتَخْرُجُ لِأَسْبَابٍ عَدِيدَةٍ، وَالْقَلِيلُ مَنْ يَمْكُثُ فِيهَا، أَحْيَانًا الْحَيَاةُ وَأَحْدَاثُهَا هِيَ مَا تَقُومُ بِتَصْفِيَةِ الْعَلَاقَاتِ دُونَ إِرَادَتِنَا، وَلَكِنْ بِصَنِيعِهِمْ، وَيَبْقَى الْوَدُّ مَحْفُوظًا لِلْبَعْضِ مِمَّنْ جَمَعَتْنَا بِهِمُ الْأَيَّامُ يَوْمًا، ثُمَّ فَرَّقَتْنَا عَنْهُمُ الظُّرُوفُ، وَلَكِنَّ الْقَلْبَ يَأْبَى أَنْ يَنْسَى جَمِيلُ صَنِيعِهِمْ!.

الكاتبة/ نورهان أحمد «محافظة الفيوم»

✿✿✿

"الْوَقْتُ يُمْضَي"

يَمُرُّ الْوَقْتُ وَأُحَاوِلُ أَنْ أُنقِذَكَ مِنْ الْوَضْعِ الَّذِي أَنْتَ فِيهِ، أَتَمَنَّى أَنْ يَتَوَقَّفَ الْوَقْتُ حَتَّى أَتَمَكَّنَ مِنْ مُسَاعَدَتِكَ، بَيْنَمَا يَمُرُّ الْوَقْتُ، وَأَنْتَ تَسْتَسْلِمُ وَتُرِيدُ أَنْ يَتِمَّ الْقَضَاءُ عَلَيْكَ، وَلَا تُحَاوِلَ حَتَّى إِنْقَاذِ نَفْسِكَ، لَقَدْ تَسَرَّبَ مِنْكَ الْأَمَلُ كَمَا تَسَرَّبَ مِنَّا الزَّمَنَ، أُرِيدُكَ مَعِي وَلَا تُحَاوِلُ.

الكاتبة/ نورهان أحمد «محافظة الفيوم»

"كَيْفَ يُمْكِنُنِي وَصْفُهُ وَحِبِّي لَا يُوصَفُ؟"

وَفِي وَسَطِ هَذَا الزِّحَامِ الَّذِي أَنَا فِيهِ، مَا زِلْتُ أَشْعُرُ بِكَ وَبِنَبْضِ قَلْبِكَ، أَنْتَ لَا تُدْرِكُ أَنَّنِي مَعَكَ فِي كُلِّ لَحْظَةٍ؛ وَالشَّخْصُ الْمُحِبُّ لَا يُقْدِرُ عَلَى فِرَاقِ حَبِيبَتِهِ، أَنْتَ الْهَوَاءُ الَّذِي أَتَنَفَّسُهُ، وَيَتَسَاءَلُونَ كَيْفَ أَسْتَطِيعُ الْعَيْشَ بِدُونِكَ، أَنْتَ الْأَمَانُ الَّذِي فِي حُضُورِكَ، وَالَّذِي لَا أَشْعُرُ بِهِ إِلَّا فِي حُضُورِكَ، كَيْفَ أَنْسَى رُوحِي أَوْ أَسْتَطِيعُ أَنْ أَتْرُكَ نَفْسِي؟ لَنْ يَتَوَقَّفَ قَلْبِي عَنْ حُبِّكَ، وَلَنْ يَتَوَقَّفَ عَقْلِي عَنْ التَّفْكِيرِ فِيكَ، وَلَنْ أَتَوَقَّفَ أَنَا عَنْ اشْتِيَاقِي لَكَ.

الكاتبة/ نورهان أحمد «محافظة الفيوم»

✿✿✿

"أعْمَقْ مِنْ أنْ تَكُونُ مُجَرَّدَ كَلِمَاتٍ"

عَدَم كَلَامِي، وَصَمْتِي لَيْسَ غُرُورًا، بَلْ إِنَّنِي أُدْرِكُ جَيِّدًا مَا يَسْتَحِقُّ الْحَدِيثَ عَنْهُ، بَعْدِي عَنْكَ لَيْسَ قِلَّةَ تَأَقْلُمٍ، بَلْ أَنَا مُكْتَفِي بِذَاتِي، لَيْسَ كُلُّ مَنْ يَتَحَدَّثُ عَنْ إِنْجَازَاتِهِ مُتَكَبِّرًا، بَلْ فَخُورًا بِمَا فَعَلَه، وَأَيْضًا لَيْسَ كُلُّ مِنْ جَمِيلِ الْمُظْهَرِ يَمْلِكُ قَلْبًا جَمِيلًا، وَلَيْسَ كُلُّ مَنْ تَكَلَّمَ كَانَ صَادِقًا؛ كُنْ عَلَى عِلْمٍ أَنَّهُ لَيْسَ هُنَاكَ حَقِيقَةٌ فِي كَلِمَاتِهِمْ، هُنَاكَ حَقِيقَةٌ فِي أَفْعَالِهِمْ، ابْنِ لِنَفْسِكَ عَالِمًا خَالِيًا مِنَ الْمَظَاهِرِ وَكَلَامِ النَّاسِ، وَسَيَأْتِي يَوْمٌ تَتَحَدَّثُ عَنْكَ كُلُّ الْأُمَمِ.

الكاتبة/ نورهان أحمد «محافظة الفيوم»

"أنَا آسِفٌ لِكَيْ يَا أَرْض اَلْعُرُوبَةِ"

أَوْ سَوْفَ تَبْقى صَامِتًا هَكَذَا لَمْ يُؤَثّرْ عَلَيْكَ كُلِّ هَذَا اَلصُّرَاخِ وَكُلِّ هَذَا اَلنِّدَاءِ، أَوْ لا ـ تَرَاهُ كُلُّ هَؤُلَاءِ اَلْقَتَلَةِ مِنْ اَلْأَطْفَالِ وَالشَّبابِ وَالشُّيُوخِ، وَتَظَلّ صَامِتًا إِلَى مَتَى سَتَلْتَزِمُ اَلصَّمْتَ، وَ أَنْتَ تَرى كُلَّ هَؤُلَاءِ قَتْلَى مِنْ اَلْأَطْفَالِ فِي اَلْمَيَادِينِ وَالشَّوَارِعِ، أَوْ لَا يَحْزَنُ قَلْبُكَ، أَوْ لَمْ يَقُولُوا إِنَّ اَلْعَرَبَ إخوة، تُنَادِيكَ أرضُ اَلْعِزَّةُ وَالْكَرَامَةُ وَالنَّخْوَةُ أَوْ لَا تُجِيبُ اَلدُّعَاءَ أَوْ سَتَظَلُ تَتَحَدَّثُ هَكِذَا أَيْنَ هِيَ أَفْعَالُكُمْ شَعْبَ غَزَّةَ تَحْت الإبادة، وَالْمُعَظَّمَ أَطْفَالٌ نَحْنُ لَا نُرِيدُ تَظَاهُرُكُمْ عَلَى اَلشَّاشَاتِ نَفْدِيكِ يَا غَزَّةُ نَحْنُ نُرِيدُ أَفْعَالًا أَوْ سَتَظَلُّ فِلَسْطِينُ تُصَارِعَ وَحْدَهَا، وَنَحْنُ نَسْمَعُ كُلُّ هَذَا اَلصُّرَاخِ وَالْأَلَمِ لِمَاذَا، وَنَحنَ نَمْتَلِكُ اَلْقُوَّةُ لِمَاذَا لَا نُحَرِّرُ أَرْضُ الإسراء، فَاعْلَمِي يَا فِلَسْطِينُ أَنَ رَايَتُنَا أَعْلَى اَلرَّايَاتِ فَاسْتَبْشِرِي بِاَللَّهِ حَتْمًا فَقَدْ اِنْجَلَى زَمَنُ اَلطُّغَاةِ.

الكاتبة/ نورهان أحمد «محافظة الفيوم»

أُوَاسِي نَفْسِي دَائِمًا عِنْدَمَا يَشْتَدُّ التَّعَبُ أَنَّ اللهَ لَا يُحَمِّلُنَا فَوْقَ طَاقَتِنَا، وَأَنَّهُ مَهْمَا تَثَاقَلَتِ الْأَحْمَالُ عَلَى أَكْتَافِنَا، فَهُوَ عَلِيمٌ بِذَلِكَ وَرَحِيمٌ بِنَا، يُعْطِي أَصْعَبَ الْمَعَارِكِ لِأَقْوَى جُنُودِهِ، يَلْطُفُ بِنَا وَيُنَزِّلُ عَلَيْنَا رَحْمَاتُهُ، وَلَا نَقُولُ سِوَى الْحَمْدُ لِلَّهِ، مَهْمَا حَدَثَ، وَدَائِمًا وَأَبَدًا.

الكاتبة/ نورهان أحمد «محافظة الفيوم»

✿✿✿

لَا تَيْأَسْ!

الْقَلْبُ الْقَاسِي قَدْ يَلِينُ، وَالْغَائِبُ الْبَعِيدُ قَدْ يَعُودُ قَرِيبًا الْمُسْتَحِيلُ يَحْتَاجُ بَعْضَ الْوَقْتِ لِيُصْبِحَ مُمْكِنًا، وَالصَّعْبُ مَعَ السَّعْيِ وَالْمُثَابَرَةِ يَسْهُلُ مَا تَظُنْ أَنَّهُ الْيَوْمَ لَا يَكُونُ، غَدًا قَدْ تَجِدُهُ بَيْنَ يَدَيْكَ، الْأَشْيَاءُ الْأَجْمَلُ هِيَ الَّتِي تَتَأَخَّرُ فِي الْوُصُولِ إِلَيْنَا، وَلَكِنَّهَا حَتْمًا سَتُصِلُ، لَحْظَةُ لِقَاءٍ بَعْدَ طُولِ انْتِظَارٍ قَدْ تَمْحُو أَعْوَامًا مِنَ الصَّبْرِ عَلَى مَشَقَّةِ الْبُعْدِ، وَلَكِنْ عَلَيْكَ أَنْ تَعْرِفَ مَا يَسْتَحِقُّ انْتِظَارَكَ.

الكاتبة/ نورهان أحمد «محافظة الفيوم»

أجيال

في سن الطفولة نلعب ونلهو، وكأن الحياة عبارة عن لعبة جميلة نتمتع بها، وبعدها تأتي مرحلة المراهقة، وهنا يكون لدينا حب استطلاع، وتملك وشغف، وكأن الحياة عبارة عن لغز يسعى كلًا منا ليجد حلًا له، وبعدها يأتي الشباب، وتحمل للمسؤولية، وبناء النفس والأحلام، وبعد الشباب يأتي الشيب، وكبر السن، وهنا نكون قد أخذنا من الحياة جميع الدروس التي تعلمناها، ونتركها لأجيال من بعدنا.

الكاتبة/ مريم محمد سلامة «محافظة الفيوم»

✿✿✿

كرامتي

اطلب ما شئت مني وسوف أعطيه لك، لكن لا تمس كرامتي بسوء هذا ليس من حقك، شيء واحد يفرق بين الحياة والموت، الكرامة وعزة النفس هم معنى الحياة، خذ حياتي وأنا مرفوعة الرأس، ولكن أن تمس كرامتي فلا، لن تستطيع، ولو كان آخر رمق في الحياه، كرامتي سر سعادتي، لا يقدر أحدًا أن يسلبني حريتي، ولن أسجد أو أركع لأحد إلا الله.

الكاتبة/ مريم محمد سلامة «محافظة الفيوم»

هناك فرق

هناك فرق بين الثقة بالنفس والغرور، وبينهما اختلاف كبير، في كثير من الأمور، أن يثق الشخص بنفسه وقراراته شيء جيد، ويستحق التقدير، ولكن أن يعامل الناس وكأنه سيدهم، وجعله غروره يتمادى في الإساءة إلى الغير، سيجد نفسه بدون الناس فقيرًا ذليلًا، حتى وإن كان أميرًا، كن على ثقة بنفسك والناس معك، ولا تكن مغرورًا مع الناس، ومن الناس لا تجد التقدير.

الكاتبة/ مريم محمد سلامة «محافظة الفيوم»

✿✿✿

علمتني الحياة

علمتني الحياه تن ليس كل من يضحك في وجهه حبيبي، وأن من يكون معي اليوم من الممكن أن يكون غدًا ضدي، علمتني الحياة أن أصمت إلى النهاية، وأجعل في النهاية ردي، وعلمتني الحياة أيضًا أن الجميع لن يفهموا قصدي، فلا أبوح لأحد بكل مكنون قلبي، ولا أشكو بأسي لأحد سوى ربي ونفسي، فلن يساعدني أحد مثل الله، ولن أجد أحدًا أبدًا مثل الله دائمًا بقربي.

الكاتبة/ مريم محمد سلامة «محافظة الفيوم»

هل يمكن

هل يمكن لأحد أن يمتلك الهواء، هل يمكن لأحد أن يصافح السماء، هل يمكن لأحد انأن يقول على العمار فناء، هل يمكن أن يوصف الذكاء بالغباء، هل من ممكن أن يعيش الأهل مع بعضهم البعض غرباء، هل من الممكن أن يعيش جميع الناس كل فرد بمفرده، ويكون الجميع سعداء، وهل طبيعي أن يصمت الجميع عندما يمارس الظلم على الضعفاء، ولما لا في أيام أصبح فيها الإخوة أعداء، والغريب أننا نتوقع أن نعيش في حياة تخلو من الصعوبات والمشاكل، ويملؤها الحب والصفاء.

الكاتبة/ مريم محمد سلامة «محافظة الفيوم»

✿✿✿

لا تكن ضحيتهم

لا تسمح لليأس أن يتملكك ولا تكن لأحد لم يكن لك، لا تعطي لشيء أكثر من قيمته، وإلا زايد عليك أكثر فأكثر فأردت تملكه، هناك بعض الناس يخدعنا دائمًا مظهرهم، والله إذا استطعنا رؤية الحقد بداخلهم ف ماكنا بأيدينا نصافحهم، من كثرة مكرهم وحقدهم يكاد الكره يقتلهم، ما دمت مخدوع لا ترى حقيقتهم خذ حذرك من أن تكون ضحيتهم.

الكاتبة/ مريم محمد سلامة «محافظة الفيوم»

انتظر وسترى

عندما يزيد الألم عن حده، ويتزايد التطاول منك أيها العدو لن تقدرعلى أن تتصدى لضربتي التي أستعد لها منذ كنت صغيرًا، وتنمو معي حتى أستجمع إخوتي وقوتي، وأعد لك جيش يردعك، وسنقف جميعًا صفًّا واحدًا؛ لكي نمنعك من خطوة تخطوها اتجاهنا أو تجاه أرضنا، لقد تماديت في طغيانك، وغرق غرورك وأعماك عن رؤيه أشياء أمامك، ظننت أنك تملكتني أرضًا وشعبًا، ظننت أنني لن أقاومك أبدًا، انتظر وسترى كيف سأستعيد وطني، وخذه مني وعدًا سأجعلك تركض أمامي، وكأني أطارد كلبًا.

الكاتبة/ مريم محمد سلامة «محافظة الفيوم»

دمعة حزينة

دمعة حزينة تركت أثرًا على خدي، وجعلت عيوني باهتة ويغمرها اللون الوردي، تسبب فيها من وثقت بهم ومن كانوا دائمًا بقربي، تؤلمني حينما تذرف من عيني، وكأنها ماء مغلي ينزلق على خدي، تترك علامة لوقت قصير نعم، ولكن باستمرار تؤلمني، يظل خاطري معلق بها، ويستمر يسألني، لما الثقة بأشخاص علاقتك بهم تدمرني، لما الصمت مع أشخاص كلما اهتممت بهم كان إهمالهم ظاهرًا بأعلى الصوت يقهرني.

الكاتبة/ مريم محمد سلامة «محافظة الفيوم»

ضاقت

ضاقت واستحكمت على حلقاتها، لكنني أثق تمام الثقة بأن ربي سيحلها اقترب مني اليأس عند أخبار تلقيتها، ولكن سرعان ما أطمئن قلبي، وقال لي اهدئي وتوكلي على ربك مدبر الدنيا بأسرها لا تحزني، ولك ربًّا بكلمة كن فيكون قادر على تبديل الأمور، وشؤون الكون فما بالك بأمر يخصك وحدك، وتقدرين بدعاء، وذكر ربك، والتقرب منه أن تخففي من الحمل الذي قد أصابكِ، وتأكدي أنه قريب منك مستجيب لك ربما أراد أن يسمع صوتك فبعث لك هذا الشيء؛ لكي يراكِ مقتربة منه ويسمع نداكِ.

الكاتبة/ مريم محمد سلامة «محافظة الفيوم»

تعجبت

تعجبت عندما رأيت ناس يتحدثون عن الحب، وهم لا يعرفون عنه شيئًا هل تعرفون معنى الحب وما هو بالنسبة للقلب، كل ما عرفته منهم أنه كلمة عبارة عن أربع حروف تبدأ بالباء وتنتهي بالكاف، كلمة من أربع حروف تركت بداخلي شعورمن الخوف هل كل من قالها بالفعل عاشق ويدرك بعدها ومداها، أم هي بالنسبة للبعض كلمة حلوة وجميلة للوصل بين القلوب، ولكن لا يعرفون معناها، هي كلمة جميلة وللحب بالفعل وسيلة، لكن مع شخص لا يعرف قيمتها ويستهين بها تكون أسهل حيلة، للوصول إلى هدف لا يقدرعلى الوصول إليه، ولوعاش لسنوات طويلة.

الكاتبة/ مريم محمد سلامة «محافظة الفيوم»

أصبحتْ عَادتي الاشّتياقْ لَكَ، لا يجْثو عليَّ الحُزن إلّا وأزلتهُ بعِنَاقِكْ، فَحين لِقائكْ لَا ينّشب صِراع بينَ القلبْ والعقّل فَتُصبح المُنافسة مَحْسُومة لِقلبٍ أذَابْته نظْرَاتْك عشقًا، يَا مَنْ تَرْوِيني بِكَلماَتَكْ العذبة مُرَمِمًا لبِوُر رُوحِي، فَانْظُرْ لِبَعضْ كَلمَاتِي: "ولقد خَلَوْتُ مع الحَبيبِ وبَيْنَنَا، سِرٌّ أرَقُّ مِن النَّسَيمِ إذا سَرَى، ومحْيِتُ طَيِفُ الذِكْرَيَاتْ، مُطَيِبًا مُرْ الحَيَاة، فتَطلعْ ياَ مَنْ تَهْواَه العَيِنْ بِعَيْنِي فتَسِرد لكْ كْم أحُبكَ".

الكاتبة/ سلمى عماد «محافظة البحيرة»

✿✿✿

خذني إليك، ولو طيفًا تعانقه إن كان شق اللقاء أو شطت الطرق عناقًا يلهمني الطمأنينة اعلم أنك لم تُخير على اختيارك لي، لكني في أشد الحاجة إليك لا تخذلني يا من أعاد ترتيب حروف تلك الكلمة أ ل م وجعلها أ م ل، شق الطريق إلى قلبي، ومكث لا زلت أخاطبك كل يوم تستحل مخيلتي، فأنت من بدلت تعافي المرء بفلان وفلان، وأصبحت فقط أتعافى بك.

الكاتبة/ سلمى عماد «محافظة البحيرة»

لا أجيد البوح بما يجول بخاطري، عدة كلمات لا حصر لها، صراع بين أكثر من منافس صوت، صرخة أحاول إفلاتها، فيض من الدموع واندفاع تجاه أشياء حتمًا ليست لي، وجسد طفح به الكيل لمقاومة كل ذلك التعب، فقد قوته وعزيمته على المحاربة، فأصبح في مواجهه أقوى منافس له، وهو نفسه العليل الأصلي، الذي وبلحظة سيمضي لا يبالي بالهوى، وآهٍ فَيا للهجر كم أضناه يخضع له مستسلمًا، زاهدًا لما حوله مشفقًا على ذلك التائه، الذي يرجو الرحيل، ولا يجيد الفرار، مشفقًا على من حوله، وما سببه لهم هاربًا من حصن أضاع مفتاحه، كما قلت لك يا عزيزي العلة بي لعلني أتخلص مني.

الكاتبة/ سلمى عماد «محافظة البحيرة»

✿✿✿

كنت مغيبة عن عيونك لي، وكأني في غياهب النسيان، قد جئت نازعًا التراب مستنجدًا بفؤادي من مقبرته، ومستنقع ذكرياته فكنت أنت مرممه محلقًا به لسابع سماء وملقيًا به لسابع أرض بعد اغتنام مشاعري، "فما كنت أعلم ما هم، وما جزع حتى شربت بكأس الحب مغترفًا" مرارًا يذيب حلاوة أيامي معك، يا من بعثر فتات قلبي، من رأيته المجني عليه بإحدى رواياتي لتظهر حقيقته معلنًا أنه الجاني؛ وبحق كل ذرة حب وهبتها لك أكرهك".

الكاتبة/ سلمى عماد «محافظة البحيرة»

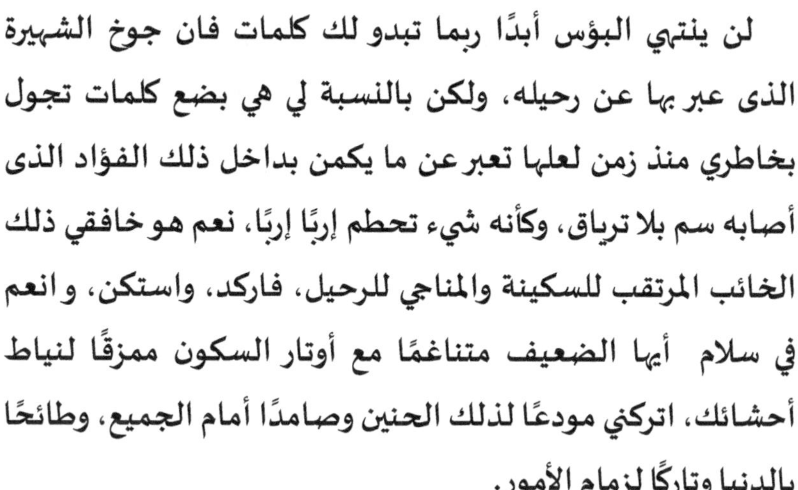

لن ينتهي البؤس أبدًا ربما تبدو لك كلمات فان جوخ الشهيرة الذى عبر بها عن رحيله، ولكن بالنسبة لي هي بضع كلمات تجول بخاطري منذ زمن لعلها تعبر عن ما يكمن بداخل ذلك الفؤاد الذى أصابه سم بلا ترياق، وكأنه شيء تحطم إربًا إربًا، نعم هو خافقي ذلك الخائب المرتقب للسكينة والمناجي للرحيل، فاركد، واستكن، وانعم في سلام أيها الضعيف متناغمًا مع أوتار السكون ممزقًا لنياط أحشائك، اتركني مودعًا لذلك الحنين وصامدًا أمام الجميع، وطائحًا بالدنيا وتاركًا لزمام الأمور.

الكاتبة/ سلمى عماد «محافظة البحيرة»

✿✿✿

تناغم يتصادم فيه الحاضر والماضي تتمكن فيه الذكريات من السيطرة على عقولنا، لعلكِ تعودين ليلى، وأعود قيسك، ولكن انظري حبيبتي يشوب بنا العجز، وتكتب كل تجعيده لحظة سعدنا بقضائها، نعم أنا من كان ينتابه الفضول دائمًا نحو المستقبل، فاضحكِ الآن أصبحت رجل عجوز يصارع كبره، ويتمنى الصغر، وأن يتمتع بريعان شبابه كما قبل، فيا لهذا الزمان قام بردم ماضينا سريعًا، وكأننا سنصبح سراب بلمحة بصر تعلمين أني اخاف أن تردمني الأيام، ولكن تشوبني الطمأنينة كوني أُردم معكِ

الكاتبة/ سلمى عماد «محافظة البحيرة»

بضع لحظات، وبدأ سُباتي العميق بات جسدي في موتته الصغرى، لتبدأ أحلامي المتناثرة تتسابق في عقلي الباطن، وفجأة تسكن لأجد نفسي أمام درج لا يجيد أفقي لمح نهايته، وكأنه الدهر محملًا بكل آلامي وآمالي، وربما بعض الخيبات ومع كل درجة تساق أذاني لصوت سقوط قطرة ماء، وكأنها تنهار من أعلى حافة فيتناسى عقلي ذكرى باتت كجرح مميت، وفجأة تتسارع خطواتي أعلى الدرج، وتتسابق أيامي أمامي، وبدت لي كنوبات خوف تتباعد بي لأصغر نقطة بوحي خيالي تسارعت نبضات قلبي بشدة وبدا صوت الماء كنغمة حزينة سريعة تتعالي، وتتعالي لتصل بي لحافة ذلك الدرج، ثم يسكن كل شيء ربما كبرت موتتي الصغرى وأصبحتُ مجرد ذكرى.

الكاتبة/ سلمى عماد «محافظة البحيرة»

يا ويح أيامٍ مضت لا ترجع قد كنت فيها ساليًا لا أحزن، قد كنت لا أعتب ولا أُعاتب متحرره من عبء العلاقات والمسئوليات، كما نعنيها دائمًا؛ أيامًا لا نحمل فيها همًّا فقط سيل من الذكريات، ينتابني شعور الطمأنينة عند تَذكُري بداية تكويني وضحكاتي تلك التي لا أزال أسمع صداها بأُذناي؛ فقط أشتاق لسنوات ليتها كانت تقف فقط لالتقاطها في فيلم تسجيلي للنظر إليه عندما يشوبني الحنين لتلك الأيام آهٍ ثم آهٍ، ها أنا في عامي العشرين، وفقط أتمنى لو تنقسم أعوامي تلك للنصف، وأظل فقط بالعاشرة؛ لا يجول بخاطري سوى اللعب والمرح؛ يا لها من أيام لن تعود يومًا.

الكاتبة/ سلمى عماد «محافظة البحيرة»

نضجت نفسي، وظهرت لي كل معالم الحياة، تغيرت أرائي تجاه كل شيء يحاوطني، تغير حالي وليس فكري فقط، علمت أن الحياة ليست مجرد منصب أو مستوى دراسي، أو ما يراه الآخرون؛ لأنه مهما بذلت قصارى جهدك للارتقاء بنفسك للأفضل، ستظل بنظر أحدهم خاطئ، ستظل معاب وتتشمت بك العيون، وتعوقك الخيبات من كل اتجاه، وتتعرقل بعقارب الدنيا، حتى تلدغك لدغة تجني عليك، لذا فضلت أن أتجنب أي شيء قد يؤدي بي للهلاك، أن أتحرر من قيود العادات والتقاليد وآراء الناس، فتبًا لهم أجمعين، سأكون أنا، وسأظل أنا، وكما أحب أنا، وكما أرى أنا، فلا أحدهم أنا، ولا أنا هم، فلينتظروا جميعًا، وسنرى من سيكتب عبارة تلك النهاية.

الكاتبة/ سلمى عماد «محافظة البحيرة»

وما أخوك الذي يدنو به نسب، لكن أخوك الذي تصفو ضمائره، فَي حين تعرقلت في متاعب الدنيا، ووقعت يا فخ صُحبة السوء، أعداء ليسوا إلا، ولم أجد سواك موطن أسكنه طبيبًا مدويًا لكل جروحي، عضدٍ في تلك الدنيا، في لمحة بصر ينتشلني من تلك الغيمة، يزهر قلبي مرة أُخرىٰ بإطلالته، ليس أخ بل متن نجثو عليه جميعًا، كم من مرة كنت كالأصم في تلك الدنيا، ولكني لا أغفل عن ترتيله لكلمات أشعلت الحرارة في صقيع قلبي، هذا هو أخي باختصار، وتدٍ يحملني بحافة الأزهار، فَحقًّا هو نبع إشراقي في تلك الدنيا بكل ما تحمله الكلمة من معنى، ومهما طال الزمان سيظل مسكني الوحيد للنجاة من أمور باتت تصاحبني ذهابًا وإيابًا، فَهو احتوائي الوحيد، وملجأ أمالي..

الكاتبة/ سلمى عماد «محافظة البحيرة»

"كاذب"

جرحتني جرح مالوش دواء ظلمتني، وقلبي إلى حبك بعذابك انكوى قولتلي هصونك، والدمع خلاص مش هيعرف طريق لعيونك بحبك، ومش هخونك وخونتني، وكسرت قلبي بكيت عيوني، وأنا كنت شيلاك بين جفوني كل وعودك، كل وعودك زائفة كل كلامك كداب أنت أصلًا إنسان قلاب لعمرك حبيت، ولا حسيت بحد حبك.

الكاتبة/ أسماء محمد "ذات النقاب" «محافظة الفيوم»

✿✿✿

"زمن غريب"

أطفالي يا روح قلبي افهموا طبع الحياة إلى معاه الناس حباه، واللي معوش الناس ديساه متستغربوش دي حقيقة، وكلمة الحق في الزمن ده عيبه عايز تكون محبوب، ويتعملك ألف حساب خليك منافق كداب لو عايز جنة الرحمن، خليك في حالك تعيش مرتاح متسمعش من حد كده كده هينتقدوك خليك مع ربك تكسب الدنيا والآخرة كمان.

الكاتبة/ أسماء محمد "ذات النقاب" «محافظة الفيوم»

"قلبي حبك"

قلبي ليك بعد سنه بعد ميه مش هعيش غير ليك حلمت بيك حبيتك، وأنا بيتي مش جنب بيتك أقولك سر أنا حبي هيجري في وريدك دلوقتي أو بكره أنا واثقة إن قلبي اللي حبك هتحس بيه، وهتيجي وهتطبطب عليه علشان بحبك أنت لسه متعرفنيش بس أنا عرفتك، وهييجي اليوم اللي تقرأ رسالتي، وهتفهم قد أي أنا حبيت.

الكاتبة/ أسماء محمد "ذات النقاب" «محافظة الفيوم»

✿✿✿

"الأقارب عقارب"

بكت عيوني حرقةً، وكيف لها أن تكف عن البكاء؛ فالغدر من القارب ليس الغرباء القارب من خانوا الأقارب من هانوا الأقارب حطموا قلوبنا أشلاء، وما كنا ننتظر سوء الوفاء فجعلوني أرى طيبة قلبي غباء.

الكاتبة/ أسماء محمد "ذات النقاب" «محافظة الفيوم»

"نفوس خبيثة"

نحن أصبحنا في زمن الأخ يقتل أخوة وأمه، و أبوة والابن يسرق، والأخت تزني حتى تجني الأموال، والأب يتاجر في مواد الإدمان والأم انتزعت من قلبها الرحمة، وأصبحت تتاجر في الأعضاء ما لنا لا نفوق ما لنا لا نستيقظ من هذه الغفلة، ونقرب إلى الله، الله الذي بيده تغيير الكون كله بكلمة كن فيكون، كفاية غضب من الله فوقوا وارجعوا للذي يراكم، ويحزن على جر ايتكم هكذا فأنتم تدارون من الناس، وتخافون أن يراكم أحد أفلا تعلمون أن الله يبرئ كل ما تفعلون أفلا لا تخجلون.

الكاتبة/ أسماء محمد "ذات النقاب" «محافظة الفيوم»

✿✿✿

"لماذا نتعجب من كثرة المصائب"

نحن في زمن أصبحنا لا نرى أي شيء سوى المظاهر، والشكليات أصبحنا نتغاضى عن الأخلاق والمبادئ، وأصبحت نفوس البعض خبيثة، و انتهى زمن الطيبة، وما زلنا نتعجب من كثرة المصائب.

الكاتبة/ أسماء محمد "ذات النقاب" «محافظة الفيوم»

"كلام الناس لا يفيد"

حقًّا لقد مللت من تبرير المو اقف، والأمور لقد تعبت و أنا أشرح وجهة نظري للناس، وهم كالعادة لا يفهمون إلا الذي يريدون أن يفهموه فقط، وها أنا الآن قد قطعت وعدًا على حالي أن لا أبرر، ولا أشرح لأحد شيء، وسوف أترك الناس تفكر كما تشاء لم يعد يعنى لي كلامهم شيء.

الكاتبة/ أسماء محمد "ذات النقاب" «محافظة الفيوم»

✿✿✿

"ما أجمل التفكير في خلق الله"

خلقنا الله في أحسن صورة وأحسن حال، وخلق لنا أشياء تفوق الخيال، ما أكرمك يا كريم جعلتنا نعيش في سلام آمنين ما أكرمك يا منان جعلت عقولنا تحسم الأمور وقلوبنا مليئة بالحنان.

الكاتبة/ أسماء محمد "ذات النقاب" «محافظة الفيوم»

"ذات النقاب"

خرجت ذات النقاب كأنها بدر أضاء الليل رغم الظلمة، وتجملت بحجابها ونقابها فأصبحت كاللؤلؤ المكنون، واتسمت بحسن سيرها يشبهونا بالبدر ليل تمامه، وما للبدر أن يوصف حسنها ينظرون لها كحرية لا يصل إليها سوى من كان على السراط قد مشى.

الكاتبة/ أسماء محمد "ذات النقاب" «محافظة الفيوم»

✿✿✿

"وعد"

وعد هحبك لأخر عمري وعمر ما يفرقنا بعد الحب مع المسافات بيزيد لا يقل، وأنا على وعدي عمري في يوم ما هحل، ثابتة معاك في وقت فرحك في وقت حزنك برضو معاك، ومهما بعدتنا الأيام مش هنساك بحبك، وأنت قريب، وفي البعد الشوق إليك بيزيد، وهترجع تجمعنا تاني مواعيد عالوعد مش هيفرقنا بعد.

الكاتبة/ أسماء محمد "ذات النقاب" «محافظة الفيوم»

يرحلون ...

تاركين وراءهم الذكريات

تحوم بالقلب قبل العقل ...

كيف بنا أن نخرجها؟

كيف بنا أن ننساها؟

كيف بنا أن نُخفف ضجيج العقل، ونزيف القلب لما بهم من حنين؟

الذكريات تحوم بمخيلتي، ولا أستطيع إيقافها، تحوم كعاصفة هائجة تقضي على جميع ما تُقابله، أهلكتني ذِكراهم، لِما رحلوا هم وتركوها!

وفي الخلفية محمد سعيد، وهو بيقول: "ريتي لو، أنسى الكلام، اللي انتهي بينا وراح".

الكاتبة/ مريم محمد "مَريمه" « محافظة القاهرة»

بمُجرد أن يمُر اسمك على مسامعي، أو أقرأهُ صُدفةً يدقُ قلبي بشدة، أكاد أُجزم أنني أشعُر برجفته وأسمع دقاته، لا أرى سواك في أي مكان، لا أسمع سوى صوتك، ولا يتجسد في مُخيلتي رجلًا غيرك، فر أفةً بي يا من لا يدق قلبي سوى باسمَه.

الكاتبة/ مريم محمد "مَريمه" « محافظة القاهرة»

✿✿✿

في تلك الليلة التي حاولت استبدالك بها، كاد عقلي ينفجر من كثرة التفكير، مر بذاكرتي جميع اللحظات التي جمعتني بك، لمسة يديك أكاد أشعُر بها، طريقة نُطقك لاسمي، ولحظة إلقائه على مسامعي، في كل مرة كُنت تذكره كان يُلقى على مسامعي كأول مرة، طيفك دائمًا يحاوطني، كان مُلتفًا بي، ولم يُفلت يداي مثلما فعلت أنت، كان قلبي يستشيط غضبًا حينما أحاول استبدالك بأحدٍ غيرك، ماذا فعلت بي بربك!، قد تناسى قلبي كل ما فعلت به، كل ذلك الأسى والإهمال قد تناساهم، ولا يذكر سوى اشتياقه الدائم لك، رائحتك المميزة التي لا زلتُ أشعر بها تُحيطني، ولمسة يديك الدافئة، وحديثك حتى في أوقات غضبك، صدقًا قد اشتاق قلبي لك.

الكاتبة/ مريم محمد "مَريمه" « محافظة القاهرة»

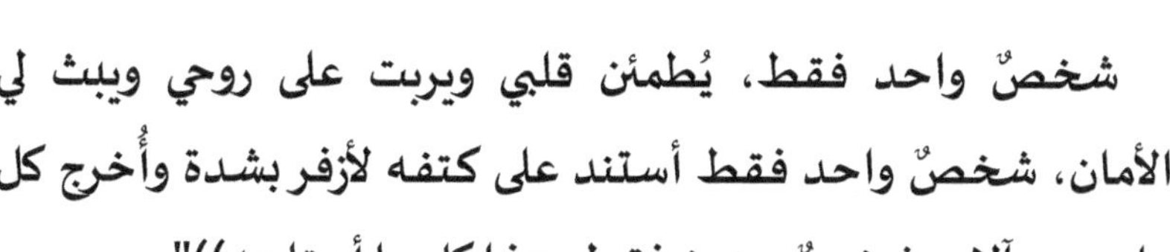

شخصٌ واحد فقط، يُطمئن قلبي ويربت على روحي ويبث لي الأمان، شخصٌ واحد فقط أستند على كتفه لأزفر بشدة وأُخرج كل ما بي من آلام، شخصٌ حنون فقط، هذا كل ما أحتاجه))".

الكاتبة/ مريم محمد "مَريمه" « محافظة القاهرة»

✿✿✿

والآن ...

الآن فقط أشعر بأنني بخير،

بين كلماته، تبث لي الأمان التي طالما حلمت به،

تلك الأحرف المتجمعة،

تجعلني بحالٍ عجيب،

دقات قلبي تتسارع،

وسعادتي تملأ الكون،

والغرفة!، الغرفة لا تتسع أجنحتي من السعادة صدقًا.

الآن فقط، بين أحرف كلماته تلك.

الكاتبة/ مريم محمد "مَريمه" « محافظة القاهرة»

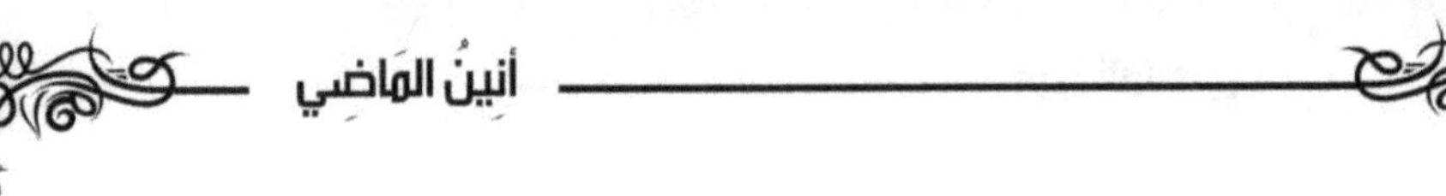

تمنيت مرور الأيام، ونسيت أنها من عمري، تمنيت في صغرى لو أني كبرت، وودعت طفولتي، ولم أكن أعلم أن في انتظاري متاعب شاقة كنت أتمنى أن أعيش حياة الكبار، وان أترك تلك الطفولة التي ظننت أنها ليست عادلة كنت أريد الهروب من تحكمات الكبار، وأصير واحدة منهم كنت أريد مرور الأيام بسرعة، ونسيت أنها من عمري، وتمنيت أن أعود إلى طفولتي مرة أخرى سأتحملها بحلوها، ومرها على الأقل لم تكن بها ضغوطات ومتاعب.

الكاتبة/ هداية مجدي" ألق" «محافظة القاهرة»

✿✿✿

جبر الخواطر

آه لو تعلم أثر كلماتك الطيبة في نفوس الآخرين!

لو تعلم كيف تداويها؛ فكم من متعب القلب شفيّ بكلمات مدح وتشجيع، وكم من طالب على حافة السقوط كاد أن يقع أنقذته كلمة طيبة، ورفعته إلى أعلى الدرجات، وكم من مريض على فراشه استرجع قواه بأثر كلمة طيبة، وكم من مهموم أثلجت روحه وقلبه كلمة طيبة، فجبر الخواطر من أعظم العبادات؛ فمن سار بين الناس جابرًا للخواطر أدركه الله من جوف المخاطر.

الكاتبة/ هداية مجدي" ألق" «محافظة القاهرة»

في حب الأطفال

ليت كل القلوب كقلوب الأطفال تعفو وتصفح بسرعة، ولا تحمل همًّا، وكأنهم يرون الحياة بشكلها الصحيح، ليتنا كنا بنقائهم قبل أن تلوث الحياة عقولنا وقلوبنا، ليتنا نعفو ونصفح كما يعفون عن من أساء إليهم في لحظة، ليتنا نلهو، ولا نبالي بمتاعب الحياة ومسؤولياتها، ليتنا نستطيع أن نضحك وتعلو ضحكاتنا كضحكاتهم البريئة الخالية من أي حقد أو كره ضحكات تخرج من قلوبهم لا يتصنعونها مثل بعض الناس.

الكاتبة/ هداية مجدي" ألق" «محافظة القاهرة»

✿✿✿

بسمة مرسومة

آه على قلب يَبيت، ويُصبح على تلك الآلام التي لا تنتهي ولا تهدأ، ولكنه برغم العذاب يبعث إلى الوجه ابتسامات زائفة لترسم على الشفاه، وتقنع الجميع أننا بخير وفي الحقيقة نحن عكس ذلك، نحن نحترق من الداخل، ولكن الناس لا يرون سوى النجاحات التي نحققها، ولا يرون ما نعانيه للوصول.

الكاتبة/ هداية مجدي" ألق" «محافظة القاهرة»

كلمات زائفه كتبت بدموعنا لا بأقلامنا

فقد نحمل هواتفنا، ونحدث أناس، وحين يسألون عن أحوالنا؟

تنزل دموعنا لتكتب بدل عنا أننا بخير!

وفي الحقيقة أننا نتألم،

وكأننا كممثل يمثل البهجة والفرح

ويصنع السعادة، ويعطينا طاقة إيجابية،

ولكنه من خلف الكواليس يبكي، وكأن شيء ما أحرق قلبه.

فهذه حياة الكثيرون على شاشة هواتفهم يتصنعون أنهم بخير، ولكنهم من خلف لوحة المفاتيح يتمزقون من البكاء ...

الكاتبة/ هداية مجدي" ألق" «محافظة القاهرة»

روح بلا حياة

لا أعلم ماذا بي، ولكنى أشعر أن نهايتي قد اقتربت كثيرًا فتلك الحياة ليست المكان الذي يناسبني، ولا هؤلاء البشر من حولي يشبهونني فإن غبت، وغابت أخباري أخبروا جميع من حولي، ومن أعرفهم أني كنت أحبهم وبشدة، أخبروهم أني لم أكن أستطيع العيش بدونهم، ولكن في أواخر وقتي لم أعد أجلس معهم، ولا حتى أتحدث معهم؛ لأنني لم أعد كما اعتادوا، ولم أعد تلك الفتاة التي تعشق المرح، ولا تبالي بأي شيء من حولها، لم أعد كما كنت صغيرة بريئة أعشق الحياة، بل تمزقت روحي وتلاشى قلبي شيئًا فشيء تلفت أعضائي كما تلفت حياتي، لم أعد أستطيع أن أداوي جروحهم، وانا أريد من يداوي جروحي، ولا أستطيع أن أسعدهم، وأنا أحتاج من يسعد قلبي.

الكاتبة/ هداية مجدي" ألق" «محافظة القاهرة»

هذا أنا

أنا لست مضطرة لتبرير أفعالي؛ فهذه هي حياتي، وتلك شخصيتي

فإن تقبلتموني هكذا فأهلًا ...

وإن لم تتقبلوني ..

فلستم مضطرين للبقاء مع شخص مزعج مثلي؛ فقد أخذت عهدًا ألا أبرر أفعالي طالما ليست خاطئة، وليس من حق أحد أن ينتظر مني مبرر فأنا لا يهمني إن صدقتموني أم لا ...

كل ما يهمني هو أن لا تزعجوني بكثرة أسالتكم عن أسباب لا تخصكم.

الكاتبة/ هداية مجدي" ألق" «محافظة القاهرة»

القشة والياقوت

نحن من نصنع أنفسنا، ونوجهها حيثما نريد إذا أردنا الراحة والكسل اتجهنا لهم، ولكننا سنظل لا نعلم شيء، وإن أردنا الجد والاجتهاد تعمقنا في بحار العلم حتى نصل إلى الأعماق فبيدنا الاختيار. فالقشة تطفو على سطح الماء، والياقوت يغوص تحت الماء!، وكل منهم له قيمته إما منعدمة أو كبيرة فعلينا أن نختار الصواب، وهو أن نصبح كالياقوت كلما كبر حجم أحلامنا غوصنا في عمق العلم لنزداد جمالًا فوق جمالنا ...

الكاتبة/ هداية مجدي" ألق" «محافظة القاهرة»

✿✿✿

فراغ وسط الزحام

وعلى الرغم من أن حولي زحام فدائمًا هناك أشخاص مهمشين، وعلاقات ناقصة ولغة مفقودة، وأحداث مكررة رغم ازدحام كل شيء، أفكار تتخبط في رأسي، أقلام تنثر حبرًا فوق أوراقي أحاديث تدور بداخلي، لا أعلم ماذا يحدث، ولما توجد تلك البقعة الفارغة بداخلي رغم ثرثرة قلبي الدائمة، وتشتت أفكاري، ولكنها تشغلني، وكيف أملؤها وأخرج من تلك الحيرة!

الكاتبة/ هداية مجدي" ألق" «محافظة القاهرة»

نجوم ولكنها ليست كأي نجوم

في كل صباح ابتسم ودع ابتسامتك تضيء يومك، ولا تدع للحزن مكانًا في قلبك أو حتى فرصة أن يتسلل إليه؛

فلا يليق بذاك القلب الرقيق أن يحزن، ولكن يليق به الفرحة، والبهجة، وكل ما هو جميل؛ فابتسم ودع ابتسامتك تنير وجهك مثلما ينير القمر السماء في عتمة الليل وظلمته

أتعلم؟!

ملامحك رقيقة وجميلة جدًّا لدرجة أنك حين تبتسم تبدو، وكأنها حديقة غناء تتمايل فيها الورود والأزهار رقصًا عندما يداعبها نسيم الهواء.

الكاتبة/ هداية مجدي" ألق" «محافظة القاهرة»

"أصبحت الآن هادئة مثل هدوء الليل وسكونه لا أميل لأحد أميل فقط للوحدة، أصبحت الشخص الذي أهرب منه لسنوات، وعاد الآن مرة أخرى لا أعلم هل هذا تأثير فراقك أم أنا التي أعيش هذه المعاناة، أصبحت أعشق الظلام والوحدة، وأصبح لديَّ عدم الرغبة في الحديث، والاختلاط، أصبح كل شيء ممل ومظلم وهادئ، أصبحت كالبحر في هدوئه ليلًا ومتقلبة المزاج نهارًا في أمواجه".

الكاتبة/ مريم حسين أحمد «محافظة القاهرة»

✿✿✿

"وفي سكون الليل هناك دائمًا من يتذكرك، ولا تره، ويدعو لك، ولا تعرفه، ومع ذلك يرى الجميع الابتسامة على وجهي، ولا يعلم أحد ما في داخلي حتى، وإن بكيت دهرًا لن يراك أحدًا، ولا تشكُ لأحد غير الله فهو من يشعر بك دائمًا، وفي كل مرة أنهار باكية أدعوا أن أراك، ولو لمرة حتى تشبع عيني من رؤيتك؛ فالاشتياق صعب على من يحب شخص لم يره منذ أعوام، ورغم ذلك ما زلت أشتاق لك، والروح تبكي لأجلك، ومع ذلك لم تنتهِ الحرب بداخلي".

الكاتبة/ مريم حسين أحمد «محافظة القاهرة»

"ماذا عن أملٍ جديدٍ، وحياة جديدة بعيدة عن متاعب هذه الحياة، ماذا عن مستقبل مشرق، وعند السؤال أقول تخطيت، وأنا أبتسم لهذه الحياة الجديدة، ماذا عن حلم بدأت في تحقيقه، وانتهى بجائزتين واحدة لحلم تعبت في وصولي إليه، وواحدة للصمود في حياة لم يكن العيش بها مسموحًا".

الكاتبة/ مريم حسين أحمد «محافظة القاهرة»

✿✿✿

"وكلما أبدأ في الاقتراب منك يكون للقدر رأي آخر فقد اجتمع الجميع بمن يحب، وأنا ما زلت أعزب على يدك لم أجد يومًا شيئًا يتمسك بي سوى وجع قلبي على فراقك، وأنت لا تشعر بي فأنا أحببتك في سكوت، أصبح الليل نهار والنهار ليل مثلما أحبك، وأنت لست في عالمي؛ فأنت في عالم كنت أتمنى أن أكون بجوارك فيه، عالم يشبهك أنت فقط لا غيرك عالم يشبه حديقة بها الزهور منفتحة قبل أوانها، وفراشات بنية اللون مثل عينيك".

الكاتبة/ مريم حسين أحمد «محافظة القاهرة»

"كانت كل الحروب خاسرة حتى الحرب التي بداخلي كانت خاسرة، هل كانت الحرب على شيء لا أستحقه أم كنت أحارب لأجل الشخص الخاطئ، أم كنت أحارب في ساحة معركة كل من بها أعداء، ولا يوجد ورائي جنود لحمايتي ...

هل كان يجب عليه هو المحاربة، و أنا أنتظره أم العكس ...

هل كان سيصمد لأجلى أم كان سيهزم في بداية الحرب، وكل هذه الأسئلة تخطر على عقلي بعدما كنت أحارب لأجله، ولم أجده ورائي في هذه الحرب الخاسرة".

الكاتبة/ مريم حسين أحمد «محافظة القاهرة»

✿✿✿

وكنت كالشمس التي تحرق نفسها لأجل أن تنير الأرض لكن لا يميل إليه أحد فالجميع يعجبه المظهر؛ لذا أحبوا القمر عني رغم عتمته، أحبوا كل ما له مظهر رائع، ونسوا الجمال الداخلي، أصبح العالم يميل للقمر حتى نطق القمر وقال: أتحبوني رغم عتمة الليل وسكونه، أتحبوا هدوء الليل المخيف، فقد أصبح الجميع يسهر الليل، ولا يخافون عتمته، ويكرهون النهار حتى لا يروا أنواره".

الكاتبة/ مريم حسين أحمد «محافظة القاهرة»

لقد وصلت لمرحله أندم على حبي لك، لكن لا أندم على مقابلتك فدائمًا هناك حرب بين قلبي، وعقلي؛ العقل يتذكر، والقلب يشتاق، والروح تتمزق من الفراق، والجسد أصبح لا يتحرك، يتحرك كل من حولي، وأنا كما أنا أكتب لك، وكأنك سترى كتاباتي أو سيأتي يوم وأُريك إياها، وبداخلي أعلم أنه لن يحدث، لكن سأكتب حتى يسمع العالم باسمي، وأنت منهم، وعند قراءتها سأكون تعافيت تمامًا من حبك.

الكاتبة/ مريم حسين أحمد «محافظة القاهرة»

✿✿✿

رغم بعدك ما زلت أحبك، وأنتظرك، وأشتاق إليك، وأشتاق إلى حديثا الدائم وأشتاق إلى دعمك، وأشتاق إلى سماع صوتك، حتى وإن غبت أعوام سأكون بانتظارك، وإن لم تأتي ستكون روحي ترافقك أينما ذهبت، وإن أحببت غيري ستكون دعواتي ترافقك دائمًا، "وسلامًا على قلب كان يعشقك حتى النخاع، وأصبح مدمرفي بعادك".

الكاتبة/ مريم حسين أحمد «محافظة القاهرة»

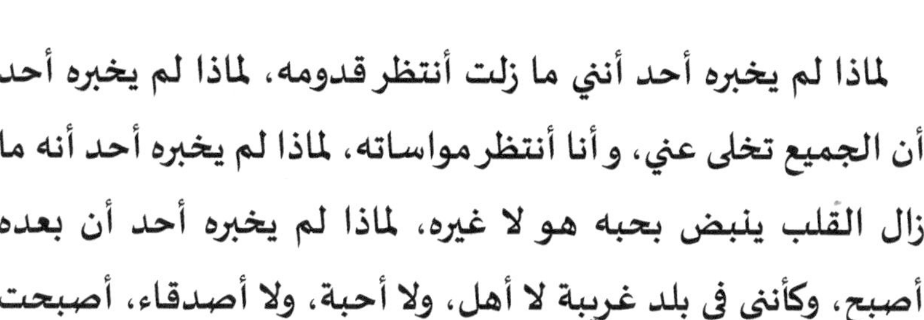

لماذا لم يخبره أحد أنني ما زلت أنتظر قدومه، لماذا لم يخبره أحد أن الجميع تخلى عني، وأنا أنتظر مواساته، لماذا لم يخبره أحد أنه ما زال القلب ينبض بحبه هو لا غيره، لماذا لم يخبره أحد أن بعده أصبح، وكأنني في بلد غريبة لا أهل، ولا أحبة، ولا أصدقاء، أصبحت كالغريب بين الجميع فأتمنى أن يخبرك أحد حتى تأتي سريعًا حتى أعود إلى وطني".

الكاتبة/ مريم حسين أحمد «محافظة القاهرة»

✿✿✿

"أخبروه أن المسافة بيني وبينه لم تفرق بيننا، بل كان الله له رأي آخر، أخبروه أن المسافات لم تخلق الفراق بل الاشتياق فقط، أخبروه أن المسافات لم تنسني حبي له بل حلقة شوق لا ينتهي، أخبروه أنه ما زال في البال والخاطر، أخبروه أن المسافات لم تجدِ نفعًا في النسيان، بل زاد حبي له أضاعف، أخبروه أن المسافات جعلتني أعشقه، ولن أنساه".

الكاتبة/ مريم حسين أحمد «محافظة القاهرة»

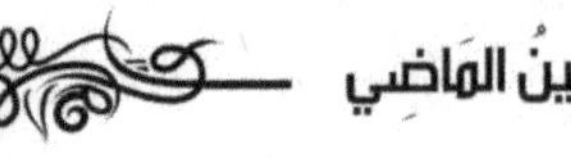

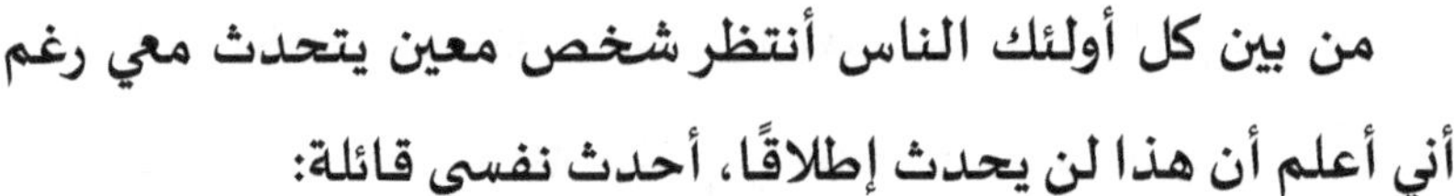

من بين كل أولئك الناس أنتظر شخص معين يتحدث معي رغم أني أعلم أن هذا لن يحدث إطلاقًا، أحدث نفسي قائلة:

لماذا كل هذا البعد؟

ماذا ارتكبت في حقها؛ لكي يحدث هذا؟

لقد اعتذرت كثيرًا، ولا أعلم على ماذا أعتذر، هل أعتذر على عدم ثقتها بي أم أنها ظنت بي ظن السوء؟ لم أكن أتوقع أن نكون بهذا الحال.

الكاتبة/ شيماء أحمد «محافظة قنا»

✿✿✿

أحاول ...

أحاول تخطي هذه الفترة،

لكن في كل محاولة أصيب بالفشل، وتظل الأفكار تطاردني

ولا أستطيع التخلص منها،

وهذا يؤدي إلى خسارة أشياء أتمنى أن تحدث.

الكاتبة/ شيماء أحمد «محافظة قنا»

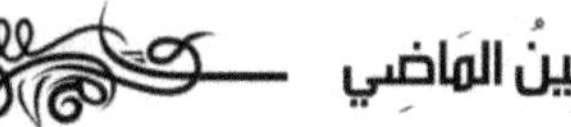

ما أجمل العيش في مكان تشعر بكل من حولك يحبونك؛ لأنّ الحياة لا قيمة لها ما دُمت لا تشعر بحب الآخرين لك، وما دمت لا تشعر بوجودك في هذه الحياة، وبوجود الحب والتآلف والانتماء والإخلاص، هذه كلمات تجعل من يتصفون بها أناسًا رائعين، نحن بحاجة للاختلاط بالبشر، فلا يُمكن بل مستحيل أن يعيش الإنسان وحيدًا وبعيدًا عن البشر، فلا وجود إلى إنسان كامل على وجه الأرض؛ ولأننا بشر ونحتاج إلى المَحبة والتعاون علينا أن نتعلم كيف نحب قبل أن نجرح الآخرين، وأن نتعلم كيف يمكن أن نتفاهم، وبالتالي نتعلم.

الكاتبة/ أماني أشرف «محافظة المنوفية»

✿✿✿

تكلمت بالكلمة ملكتك، وإذا لم تتكلّم بها ملكتها، يكون الإنسان غريبًا عندما يكون جسده في مكان، وروحه في مكان آخر، ليس العار في أن نسقط، ولكن العار أن لا تستطيع النهوض، إنّه من المخجل التعثّر مرّتين بالحجر نفسه، للدنيا قانون يسمّى الدّوران، لا يتجاوزه أحد، فثق تمامًا أنّ كلّ ما تفعله، سيعود إليك يومًا ما

الكاتبة/ أماني أشرف «محافظة المنوفية»

كن فخورًا بما قدّمت، وبما أنجزت، وبما أفدت به الناس، ولكن كلّ ذلك لا يعني أنّك قد قدمت كلّ ما عندك، لا زال هناك الكثير منّا مِمن يحتاج إلى المساعدة، ومن يحتاج إلى شمعة لتضيء له الطريق، ومن يحتاج إلى أخ يشد أزره في وقت الضيق، ودائمًا حاول أن تكون ذلك الشخص الذي في نهاية اليوم لا شيء يريحك أكثر مثل رؤيته، ولو تحطم لك أمل فاعلم بأنّ الله يحبّك و ابتسم، ولا تقل الحظ عمره ما كمل، ولكن قل أنّي حاولت، ولكن الله ما قسم.

الكاتبة/ أماني أشرف «محافظة المنوفية»

✿✿✿

أحسستِ بشعور الظلم، فاعلم أنّ الليل لن يطول، وأنّ الشمس سوف تشرق في النهار، و أنّك تملك دعوة لن يردها الله لك؛ فحاول أن تحوّل مسار هذه الدعوة من المضرّة للنفع، وارأف بحال من ظلمك فإنّك الأقوى؛ لأنّ من بيده ملكوت كلّ شيء هو مَن يقف بجانبك الآن، وراعِ من يَعوله الذي ظلمك فربما هناك من يستحقون حنانك ولطفك، واعلم أنّ الله مع الخير في كلّ الأحوال، و أنّه لن يضيعك.

الكاتبة/ أماني أشرف «محافظة المنوفية»

إنّ الإنسان الذي يملك القلب الطيب الجميل لا يعرف الحقد والانتقام، ويسامح بسهولة على الرغم من كلّ ما يشعر به من تعب وإرهاق، فتجد الابتسامة تملأ وجهه، كما أنّ القلب له ميّزة جميلة إذ إنّه لا يتّصف بصفة سيئة، ولا يسمح للسواد الذي يعشّش حوله أن يلوّث نقاءه، ولا أن يخطف البسمة التي تظهر على وجهه رغم الألم، ذلك السواد الذي يريد أن يسرق من قلبه إشراقه، عفوًا أيّها السواد قِف عندك، وابتعد قليلًا، وعد إلى الوراء، لن تأخذ منه طيبة قلبه؛ لأنّ إنسانًا كهذا مِن الصعب أن تهزّه الريح مهما كلّف الأمر.

الكاتبة/ أماني أشرف «محافظة المنوفية»

كيف نظن أن البكاء أمر هين!!

كيف يمكننا أن نعتقد أن الشخص جامدٌ لا يبكي حتى وإن كان يبدو صلبًا قويًا، هذا لا ينفي ضعفه وهشاشته، وإن الشخص الذي يتظاهر باللامبالاة أمام الجميع هذا ليس معناه أنه هادئٌ مستقر من الدَّاخل، لا نتغر في صلابة الشخص وصموده، نحن أقل الكلمات تترك في أرواحنا ندوبًا طويلة الأمد، واتفه الأسباب تدفعنا للحزن والانعزال، وأكثر الأشخاص قربًا لنا لا أحد فيهم يعلم شيئًا عن نغزات قلوبنا، فلا نظن أن البكاء أمرٌ عاديٌ، إن جفت دموعنا فنحن من الداخل نبكي بكاءً مريرًا.

الكاتبة/ أمل الإمام «محافظة الدقهلية»

✿✿✿

أحيانًا نظن أن الوحدة موجعه، ونود أن تنزع منا، وننزع منها، ونلقى الناس، ونمشي بينهم ونتعامل معهم ونعود إلى ديارنا، ولكني أرى اليوم، ويا فراغ ما تأوّهتُ فيه وتألمت، أنني إن كنتُ أحتاج شيئًا فهي هذه الوحدة التي ربما كرهتها.

الكاتبة/ أمل الإمام «محافظة الدقهلية»

بالنظر للوقت فإنّه فعلًا يمرّ، وكُلّ الأشياء تتبدل وتتغير وقول: "إنّ الوقت يُصلح كل شيءٍ"، ربما هي حقيقية نوعًا ما، الأشخاص يرحلون، الأماكن تتغيّر، مكاناتنا تتضاءل أحيانًا أيضًا، ذلك الحُزن الذي ظننّا أنَّه لن يمرّ أصبح مُجرّد ذكرى تُداهمُ عقولَنا من وقتٍ لآخر، صحيح أنّ الوقتَ لا يجعل الجروح تلتئم بسهولة، وأنّ النّدوب لا مفرّ منها، إلّا أنّ كلّ شيءٍ يمُر، وحقيقة أنّ كُلّ شيءٍ له نهاية لا أعلم إن كانت شيئًا إيجابيًّا أم لا لكن كلّ الأشياء ستنضُب يومًا ما، نحنُ أيضًا سنفنى، وسنصبحُ منسيّين؛ لأن كلّ شيءٍ يمرّ.

الكاتبة/ أمل الإمام «محافظة الدقهلية»

✿✿✿

ربما تشعر فجأة بثقلك على أصدقائك، وعلى أهلك وعلى من تحب، وعلى كل من حولك، تشعر بانك تود الرحيل وترك كل شيء، ربما بسبب أو من دون سبب، ولكنك تشعر بثقلك على نفسك حتى، وكأنك روح مبعثرة في جسد متهالك نقطةٌ تناثرت في ظلام دامس، وكأنك تريد أن ترحل عن نفسك، ومن نفسك، وتفلت يداك.

الكاتبة/ أمل الإمام «محافظة الدقهلية»

ومن حيث لا تعلم تجد أن الأمر الذي كرهت حدوثه، وتألمت منه كثيرًا صار مفتاحًا لما تحب، وتلك العسرة التي أوجعتك، وأخذت منك وما أعطتك، أخذتك إلى آفاقٍ واسعة لم تكن لتسلكها يومًا بدون هذه العسرات، فتعلم أن هذا الألم الذي أنهكك كان لك خير معلم، وأهداك الحكمة الثمينة؛ لتدرك أن العطاء ربما يأتي على شكل ابتلاء، وأن لطف الله يساق إليك بأشكالٍ عديدة حتى وإن كانت مؤلمة.

الكاتبة/ أمل الإمام «محافظة الدقهلية»

✿✿✿

لسنا مع كثرة الكتمان، وإن كنا نفعله كثيرًا؛ لأننا نرى أن الإنسان يحتاج من وقتٍ لآخر أن يفرغ ما في صدره لبشر مثله، وغاية هذه المشاركة التخفيف من الحمل الذي في الصدور والإحساس بالأنس، مع العلم يقينًا أن الشكوى للبشر لا تتجاوز غير بثها فقط؛ لأن البشر لا يملكون من الأمر شيء، والأمر كله لله، فإذا ما انقطعت الأسباب، وأردنا الخلاص ليس لنا إلا رب الأسباب، وحلّال العُقد سبحان وتعالى هو الغني.

الكاتبة/ أمل الإمام «محافظة الدقهلية»

إلى من خذلونا وقت حاجتنا إليهم، لا نحتاجهم مرة أخرى، والذين أداروا لنا ظهورهم يومًا نديرهم من كل حياتنا، ذاك الكتف الذي لم تبلله الأدمع في المرة الأولى لا نبكي عليه مرة أخرى، وتلك الأيدي التي تخلت عنا لا نمسكها مرة أخرى، وتلك الأعين التي تناظر غيرنا نسقطها من أعيننا، وتلك القلوب التي لا تستوعبنا تلقيها من قلوبنا، ولا نسامح كل من ظلمنا.

الكاتبة/ أمل الإمام «محافظة الدقهلية»

✿✿✿

أصبحنا صناديق مغلقة، لا تفتح هذه الصناديق إلا عندما نكون منفردين، هكذا نحن أصبحنا هياكل صندوقية، نحن نسمع القريب والغريب، نجد لهم الحلول كلما أتونا محبطين، نُصبح أذانًا مشرعه لهم، نسمع، ونعطي، ونبادر بالأمل والتفاؤل، ولكننا نخفي عن الجميع الألم الذي بداخلنا، فتَشكلنا على هيئة صناديق صغيرة تُوضع بها أسرارهم، وما ثرثروه لنا، ونغلق أسقفنا، وحينما يأتي دورُنا لنُعبر عن شعور واحد لا نطيق عليهم الحزن، لا نريد أن نتبعهم بأوجاعنا، ونتحدث معهم فيما يخصهم هما، وما يشعرون به رغبةً في أن لا يشعروا أنهم بمفردهم.

الكاتبة/ أمل الإمام «محافظة الدقهلية»

يحزن الإنسان على نفسه كثيرًا من شعوره بالخيبة بعد الركوض الطويل في الطرق الخاطئة، والتعلق الشديد بالمزيفين الذين لم يعيرونا أي اهتمام، وتأخرنا في غلق الأبواب التي أذنتا كثيرًا، وعن ترددنا المستمر في أخذ خطوات كن نعتقد أنها تنجينا، وقلقنا الدائم تجاه الأشياء الزائلة التي لا نكن نملك ضمانات لها، وعن إعطائنا الفرص لمن لا يستحقونها رغم معرفتنا بذلك، ومن التماس الأعذار لمن تجاوز اعتذارنا، من تنازلاتنا التي كانت في الأصل يجب أن لا تُقدم أو تُرفض، واكتراثنا لأشخاص حسبناهم يومًا سيقفون بصفنا ووجدانهم ألدّ أعدائنا؛ نحزن على أنفسنا وندين لها بالاعتذار الشديد المصحوب بالندم.

الكاتبة/ أمل الإمام «محافظة الدقهلية»

✿✿✿

إِنَّ أَكْبَرَ مُصِيبَةٍ قَدْ يَقْتَرِفُهَا الإِنْسَانُ فِي حَقِّ نفسه هِيَ أَنْ يُعَاتِبَ؛ هذا مُهِينٌ جِدًّا فإن تَشْرَحَ بِإِسْهَابٍ لِمَخْلُوقٍ مِقْدَارَ الوَجَعِ الَّذِي يُسَبِّبُهُ لَكَ لِيَأْتِيَ رَدُّهُ "أَعْتَذِرُ، لَمْ أَنْتَبِهْ". وبكل برود يَسْتَمِرُّ فِي عَدَمِ انْتِبَاهِهِ.

إذن لِمَاذَا نُكَلِّفُ أَنْفُسَنَا حَرَجَ البَوْحِ إِذَا كَانَ الوَضْعُ غَيْرَ قَابِلٍ لِلتَّغْيِيرِ!.

الكاتبة/ أمل الإمام «محافظة الدقهلية»

«ضَجِيجُ الحَيَاة»

في النهاية تجلسُ بالطريق، تتمنى فقط لو تُفلتك الدنيا من حساباتها، تنساك بأرضٍ لا حيّ فيها إلا الزرع الأخضر، تناوشك الرياح على جنبيك، وأشعة الشمس تُدفئ برد أفكارك، تقيك الأشجار لهيبها الحارق فتموت في الأرض وتحيا بها مائة مرةٍ باليوم، في كل لحظة موتٍ تقتل معك فكرةً تضج برأسك، وبكل مرة تحيا تُضيء قبسًا من نور بعتمة جوفك ...

حتى تصير في النهاية خفيفًا كورقة شجر، نقيًا كجدول ماء، بريئًا كأفئدة الطير من حولك، تكاد تُحلّق في السماء من صفاء فكرك، أو تبتلعك الأرض فتُصيّرك نبتةً يمرّ عليها المارّ فينشرح الصدر بها، أو تمتزج بصفو الأجواء فتتبع أدراج الرياح ... فقط تتمنى.

الكاتبة/ أسما إبراهيم "الكاتبة الصغيرة" «محافظة الجيزة»

«كيف تطمئن الروح»

"إنّما غايةُ ما يحتاج إليه الإنسان في هذه الدّنيا أن يكون مُطمئنًّا، وأن تهدأ روحُهُ وتسكن من وَحشتِها، وتجد بين حطام الأيّام المتراكم مُستراحًا لها تأوي إليه وتحتمي به، وإذا اطمأنّ الإنسان؛ وجدتَ منه أجمل ما فيه، وإذا اطمأنّ كان لك فوق ما تريد ... فإذا أحبّ أحدُكم أحدًا فليطمئنه؛ بل فليكن غايةَ مُراده أن يُطمئنه".

الكاتبة/ أسما إبراهيم "الكاتبة الصغيرة" «محافظة الجيزة»

✿✿✿

«غِذَاءُ العَقْل»

قيل بأن الكتابة راحة ولكن كيف؟ حجزتني أفكاري بسجن قلبي، ليس سهلًا أن أوثق هزائمي، أوثقها بكل براعة والجميع يهتف مشجعًا، ولا يعرفون أنني وضعت بعض الأحرف وجزءً من قلبي وهزيمة أخرى لروحي، منذ الخامسة عشر، أول مرة أكتب فيها، كتبت لأبي، كانت تلك أول هزيمة لقلبي، منذ تلك الهزيمة وأنا أسيرة قلمي أتلذذ بعصرِ خافقي وأدوِّن أحزاني واحدًا تلو الآخر.

الكاتبة/ أسما إبراهيم "الكاتبة الصغيرة" «محافظة الجيزة»

«إلى أينَ مَلْجَئِي»

أميل للعزلة الطويلة، أهرب من بأس الدنيا وشدة زينتها على قلبي، وآخذ ديني ونَفْسي، وأستغيث بربي.

ألملم شتات حالي، وأعاود ضبط معايير حُبي وبغضي؛ لئلا أركن إلى ضلالٍ، وأحسب نفسي على هدى وخير.

أكتفي بسلامٍ عابرٍ، وأتجنب التعمق في العلاقات؛ أستخلص وقتي لعزلتي.

أعاود المُذاكرة والمفاضلة بين دنياي وآخرتي، وأضع نفسي على ميزانٍ مؤقتٍ، وأضبط خللي؛ لئلا أضيع في دنيا التيه بين الفتنِ.

تلك عزلة واجبة، حتى أنفض من قلبي لمعة المظاهر الزائفة وشتات الذنوب.

الكاتبة/ أسما إبراهيم "الكاتبة الصغيرة" «محافظة الجيزة»

«إرضَاء النَّاس غَايةٌ لا تُدرَك»

اكتشفت في الفترة الأخيرة إن قمة الغباء، والتخلف لما تضيع عمرك، وتضحي بسعادتك عشان خاطر أي حد في الدنيا حتى لو أقرب الناس ليك ...

اتعود تحب نفسك شوية، وتحاول تبسطها على قد ما تقدر طالما مش بتعمل حاجة تغضب ربنا ..

بلاش تبقي أنت الطرف اللي طول الوقت بيدي وبس، من حقك أنت كمان تأخذ وتلاقي اللي يقدرك، ومن حقك تبسط نفسك بنفسك؛ لأن العمر بيجري، واليوم اللي بيروح مبيرجعش ...

حاول تلحق اللي باقي من عمرك؛ لأن محدش ضامن عمره، وأهم حاجة تسيبك من كلام الناس نهائي؛ لأن الناس كده كده بتتكلم، ومبتريحش نفسها، ولا بيعجبها العجب.

الكاتبة/ أسما إبراهيم "الكاتبة الصغيرة" «محافظة الجيزة»

«فَراغُ الرُّوح»

ذات يوم وقبل فقده لم أكن أرى شيئًا يمكنه كسري، أمضي في الحياة طولًا وعرضًا لا أهابُ بِه شيء، لكن اليوم اعترف بأني قد هُزمت، غلبني الثَّكل على حين غِره، انتُزعت مِني كل معاني الحياة التي أحيا من أجلها، صارت مجرتي فارغة من بعده؛ فقد أفل نجمُها المُنير فأصبحت كالأرض البور غير صالحة للعيش والزراعة؛ فها أنا كالمكبول لا حول لي ولا قوة فقط تتجاوزني الأيام ولا أحياها، افتقدتُ ضمته التي تلملم شتات أيامي، وكتفه الذي يلتقط رأسي حين تسقط، تعاظمت الآلام بي ولسان حالي يتمتم داعيًا رحمكَ الله يا أبي وجمَعنِي بكَ فِي مُستَقَرّ رَحمتِه.

الكاتبة/ أسما إبراهيم "الكاتبة الصغيرة" «محافظة الجيزة»

«صَدمةٌ لَمْ تَكُن بِخَاطِرِي»

1/1/2023

في الساعة الرابعة والخمس دقائق قبل الفجر

جاءنا ما يلي:

في صَبِيحَة هذا النهار احْتَضر

فجر الشمسِ في الأُفْقِ ... ثمّ انفَجر

ودعته النوارس في طيرها، ثم عادت

إلي الشط تتلو السور

أودعته العصافير أحزانها، واستدار ليفرح

باغته الحزن ... غاب ولم يعتذر

كيف مات بلا ضجة في الصباح؟!

وكيف احتواه الذبول ... فلم ينصهر؟!

قال من شاهد الموت يحضنه ... كان للحزن جيش

يَدُكُ مَلامِحَه مُنذ يومين، ثمّ انصَهر، ولنا أقاويل في موته؛

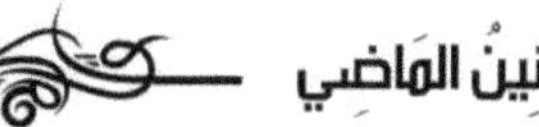

لأننا نعرف مشيته جيدًا والأثر، كان يمشي فمد إلي النوم جثته وانتظر، حين دخلت عليه وأيقظته، وأنادي له أبي مرارًا، لم يوقظ الروح في حِلّه فاحتضَر،

وبدأ الكُل في هذا الآن يقول

هو الآن: مرتحل في سفر

الكاتبة/ أسما إبراهيم "الكاتبة الصغيرة" «محافظة الجيزة»

✿✿✿

«بَعْد التَفاوض»

اختيارنا للسكوت كان بعد محاولات كتير للكلام، وكل المحاولات دي فشلت، وكلامنا متفهمش، يعني قرار السكوت دا مجاش فجأة زي ما أنتم فاكرين، ولا هو عزلة بإرادتنا، الحقيقة إننا أهدرنا طاقة كبيرة جدًّا في الكلام وللأسف متقدرش، وحتى الكلام اللي ينفع يتقال اتقال فعلًا لكن متفهمش، عشان كدا قررنا نسكت.

الكاتبة/ أسما إبراهيم "الكاتبة الصغيرة" «محافظة الجيزة»

«كَيفَ تَصْنَعُ مُستقبلًا؟!»

لا تجلس على كرسي مهترئ، وتنظر إلى السماء بخيبة أمل، فالسماء لا تمطر أحلامًا ...

بل قف و ابحث عن كيفية تحقيقها ...

لا تجلس على كرسي مهترئ باللي صنعه غيرك، بل اصنع لنفسك واحدًا، هيا إلى ركوب غدًا، والجلوس على عرشه، لتنظر إلى يمينك فها هي أحلامك تحققت، وتنظر إلى شمالك فترى آمالك أثمرت، وتنظر أمامك فترى مستقبلك المشرق، والمنعم بالهدوء، والراحة، والسكينة، ماذا راحة، وهل من راحةٍ في الحياة؟!

نعم ألم تعافر من أجل أحلامك وآمالك ألم تعافر من أجل هذه اللحظة ... فها هي الآن حياتك الآن ... تزهر بعد ما بارت ...

وها هي تمطر بعد ما جفت، وها هي تثمر بعد ما جارت.

الكاتبة/ أسما إبراهيم "الكاتبة الصغيرة" «محافظة الجيزة»

«وقفة»

هذا ثم أمّا بعد، فالكل في أفعاله مأخوذٌ بها، مُحاسبٌ عليها، مسؤولٌ عن سبب قيامِه بها، وليسَ مسؤولًا عن نتائجها.. فلكُلٍ إرادته في فعله، وليس لأحدٍ مُحاسبة فاعلَ الفعلِ على فعله.

الفعلُ هو جوهر الشخص، وليس القولُ هو المقياس.. والعبقرية الفذة تكونُ في اجتماعِهما معًا، فصاحب الفعلُ دونَ القولِ مجهول، وصاحب القولِ دونَ الفعل مذموم.

د/ عبد الله _ عثمان

كيف تواجه التنمر؟

أيًّا كان التنمر لفظيًّا أو جسديًّا أو اجتماعيًّا أو إلكترونيًّا عبر الإنترنت؛ فإنها تؤثر بالسلب وعلى المدى الطويل، فقد يسبب للطفل بعض الأمراض النفسية التي تؤثر على صحته ومدى تحصيله؛ فهو يقلل الثقة بالنفس كلها، قد يدفع الطفل إلى العزلة، وعدم الرغبة في تكوين علاقاتٍ اجتماعيةٍ مع من حوله، وقد يتطور الأمر إلى الإصابة بالاكتئاب، وخلق الرغبة في الانتحار.

الكاتبة/ رانيا محمد "محافظة: الجيزة"

✿✿✿

لماذا التنمر ضار؟

يتعرض جسد الطفل حين يتعرض للتنمر إلى انخفاضٍ دائمٍ لمستوى الضغط؛ مما يتسبب في نشاطٍ لنظامهم العصبي؛ مما يجعلهم عرضةً للضغط الزائد؛ وهذا يتسبب في الإجهاد المستمر للطفل؛ والذي قد يتسبب في ضعف الجهاز المناعي والقلق المستمر والصداع؛ بل وقد يتسبب في نوبات هلعٍ وآلام المعدة والصدر.

الكاتبة/ رانيا محمد "محافظة: الجيزة"

ما هو التنمر؟

يمكنك عادةً أن تحدد التنمر من خلال السمات الثلاثة التالية: القصد، التكرار، والقوى؛ فالمتنمر يقصد إلحاق الألم إما من خلال الألم الجسدي أو الكلام أو السلوك المؤذي، وهو يفعل ذلك بصفةٍ متكررة، ويكون الصبية عادةً أكثر عُرضةً للتنمر البدني، في حين تكون البنات أكثر عُرضةً للتنمر النفسي، التنمر هو نمطٌ سلوكيٌّ متكرر، وليس حادثًا منفردًا، وعادةً ما ينطلق الأطفال الذين يمارسون التنمر من تصورهم بأنهم في وضعٍ اجتماعيٍّ أرفع أو في موضع القوة كالأطفال الأكبر حجمًا أو الأكثر قوةً بدنيًّا.

الكاتبة/ رانيا محمد "محافظة: الجيزة"

✿✿✿

لماذا ينبغي عليَّ أن أتدخل إذا كان طفلي يتعرض للتنمر؟

يمكن للتنمر أن يترك آثارًا ضارةً وطويلة الأجل في الأطفال: فإضافةً إلى التأثيرات البدنية للتنمر؛ يمكن أن يتعرض الأطفال لمشاكل عاطفية ومشاكل في مجال الصحة العقلية؛ بما في ذلك الاكتئاب والقلق؛ مما قد يؤدي إلى تعاطي مواد الإدمان وتراجع الأداء في المدرسة، وعلى العكس من التنمر الشخصي.

الكاتبة/ رانيا محمد "محافظة: الجيزة"

"التنمر"

التنمر عبر الإنترنت أن يصل إلى الضحية في أي مكانٍ وفي أي لحظة، ويمكن أن يتسبب بأذى كبير، إذ يمكنه أن يصل بسرعةٍ إلى جمهورٍ واسع، وأن يترك بصمةً دائمةً على شبكة الإنترنت تخص جميع المعنيين.

يحق لطفلك أن يتمتع ببيئةٍ مدرسيةٍ آمنةٍ وحانيةٍ تحترم كرامته، وتنص اتفاقية حقوق الطفل على أنه من حق جميع الأطفال الحصول على التعليم، وعلى الحماية من جميع أشكال العنف البدني، والعقلي، ومن الإهانات والتعسف، ولا يستثنى التنمر من ذلك.

الكاتبة/ رانيا محمد "محافظة: الجيزة"

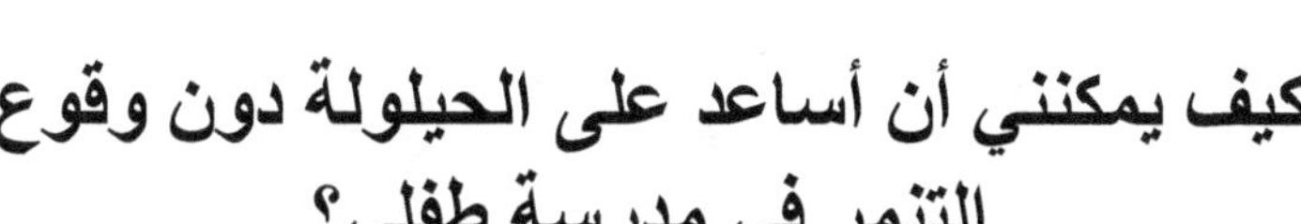

كيف يمكنني أن أساعد على الحيلولة دون وقوع التنمر في مدرسة طفلي؟

١- ثقف طفلك بشأن التنمر؛ فعندما يعرف الطفل ما هو التنمر سيصبح قادرًا على تمييزه بسهولةٍ أكبر، سواءً أكان يحدث له أم لشخصٍ آخر.

٢- ساعد في بناء شعور الثقة بالنفس لدى طفلك، شجع طفلك على التسجيل في دروس، أو الانضمام إلى أنشطةٍ يحبها في حيكم؛ فهذا سيساعده على بناء الثقة بنفسه، وعلى التعرف على مجموعةٍ من الأصدقاء الذين يشاطرونه اهتماماته.

الكاتبة/ رانيا محمد "محافظة: الجيزة"

✿✿✿

علاج التنمر؟

تحدث بصفةٍ منفتحة ومتكررةٍ مع طفلك؛ فكلما تحدثت مع طفلك أكثر بشأن التنمر كلما اطمئن أكثر لإخبارك فيها إذا شهِد تنمرًا أو تعرض له، اسأل أطفالك يوميًّا عن أوقاتهم في المدرسة، وأنشطتهم على شبكة الإنترنت، واستفسر منهم لا عن دروسهم وأنشطتهم فقط، وإنما عن مشاريعهم أيضًا.

الكاتبة/ رانيا محمد "محافظة: الجيزة"

علاج التنمر في الإسلام؟

لحل هذه المشكلة الاجتماعية، لا بد من الاستعانة بالله تعالى وإشراك جميع الأطراف المحيطين بهذه الظاهرة، وعلى الأخص جهة عائلة المعتدي؛ فعلى العائلة التي تعاني من هذه الظاهرة أن تتواصل مع عائلته؛ فيذكروهم بالله تعالى، وما طالبهم به من الاعتناء بالأولاد وتجنيبهم الأخلاق السيئة.

الكاتبة/ رانيا محمد "محافظة: الجيزة"

✿✿✿

ما هو أخطر أنواع التنمر؟

أخطر أنواع التنمر هو التنمر الإلكتروني، هو العمل على إيقاع الأذى على الطرف الآخر، وذلك باستخدام الأجهزة الإلكترونية المرتبطة بالإنترنت، مثل الأجهزة اللوحية، ونعرف التنمر الإلكتروني بأنه فعلٌ عدائيٌّ يقوم به المتنمر إلكترونيًّا باستخدام التقنية الحديثة ضد طرفٍ آخر بغرض إلحاق الضرر به ماديًا، معنويًّا، اجتماعيًّا، ونفسيًّا.

الكاتبة/ رانيا محمد "محافظة: الجيزة"

ما هي أسباب التنمر؟

يعتبر التنمر بين الأطفال سلوكًا طبيعيًا، وينتج عن خللٍ من قِبل المسبب الرئيسي له وهو الأبوين، إليكم أسباب وعوامل اكتساب الطفل للسلوك العدائي:

١- الإهمال.

٢- التربية الخاطئة.

٣- قلة ثقة الطفل بنفسه.

٤- العنف الأسري.

٥- الغيرة.

٦-الغرور.

٧- الألعاب الإلكترونية العنيفة.

الكاتبة/ رانيا محمد "محافظة: الجيزة"